高新技术项目风险预警系统研究

李晓宇 著

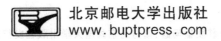
北京邮电大学出版社
www.buptpress.com

图书在版编目(CIP)数据

高新技术项目风险预警系统研究 / 李晓宇著．－－北京：北京邮电大学出版社，2024.1
ISBN 978-7-5635-7161-1

Ⅰ．①高…　Ⅱ．①李…　Ⅲ．①高技术－技术项目－项目管理－预警系统－研究　Ⅳ．①F276.44

中国国家版本馆 CIP 数据核字(2023)第 247070 号

策划编辑：彭　楠　　责任编辑：刘春棠　　责任校对：张会良　　封面设计：七星博纳

出版发行	北京邮电大学出版社
社　　址	北京市海淀区西土城路 10 号
邮政编码	100876
发 行 部	电话：010-62282185　传真：010-62283578
E-mail	publish@bupt.edu.cn
经　　销	各地新华书店
印　　刷	保定市中画美凯印刷有限公司
开　　本	720 mm×1 000 mm　1/16
印　　张	11
字　　数	196 千字
版　　次	2024 年 1 月第 1 版
印　　次	2024 年 1 月第 1 次印刷

ISBN 978-7-5635-7161-1　　　　　　　　　　　　　　定价：58.00 元

· 如有印装质量问题，请与北京邮电大学出版社发行部联系 ·

前　言

随着全球经济的高速发展和科技的日新月异,高新技术已经成为推动当今世界经济增长的重要动力,高新技术产业的发展水平也成为衡量一个国家发达程度的主要指标之一。

高新技术项目是高新技术转化为生产力的有效载体,具有涉及范围广、环节多、耗费资金巨大、研制和生产周期不确定性强、系统操作复杂、使用和维护费用高等特点,这决定了其风险的高发性和复杂性,而现阶段我国大多数的高新技术项目都缺乏抵御与规避风险的能力,因此,研究如何构建符合高新技术项目运行规律并切实有效的风险预警系统,对我国高新技术项目风险管理具有十分重要的理论意义和应用价值。本书正是围绕着这一核心问题展开的。

在现有研究的基础上,本书将风险管理理论、技术创新理论和项目管理理论相结合,系统地分析了高新技术项目这一特定类型项目的特性及风险特征,对高新技术项目技术创新过程中的关键风险因素进行了辨识、预测、诊断、监测和控制,构建了具有理论意义和实践价值的高新技术项目风险预警系统,为解决高新技术项目风险管理问题提供了依据。

通过对高新技术项目及其风险的概念和范畴的界定与梳理,本书结合高新技术项目的特点,对风险生成机制以及风险预警的成本和收益进行了研究,提出了高新技术项目风险预警的运行模式和分析框架,从系统的角度对高新技术项目风险预警系统的运行机制进行了研究,同时强调系统内部相互制约和联动的逻辑关系,为高新技术项目的风险管理提供了理论指导和研究思路。

本书提出了基于粗糙集理论的高新技术项目风险预警指标优化模型,从系统的角度,结合问卷调查和多元统计的分析方法,对高新技术项目的潜在风险因素假设进行了实证检验,得出了对高新技术项目具有显著影响的 27 个关键风险因素,构建了高新技术项目风险预警指标体系。该指标体系体现了高新技术项目风险因素的独特性。

在建立了高新技术项目风险预警指标体系的基础上,本书提出了基于LVQ-RBF的改进型神经网络高新技术项目风险预警模型,该模型克服了传统预警方法的不足,具有高度的并行性和全局性,提高了风险预警系统的非线性、自学习性、自适应性及大规模并行分布知识处理的能力,本书通过实证研究和比较分析证实了该模型具有较高的精确度和适用性。

本书通过对高新技术项目风险控制与传导机理的分析,提出了高新技术项目风险防范与控制的策略。同时,本书分别从组织模式、项目文化、决策与执行的角度对高新技术项目风险预警系统的支撑条件进行了研究,创造性地提出了集群式、联盟式、网络式3种高新技术项目风险预警组织模式,指明了支撑高新技术项目风险预警系统实现的保障措施。

本书得到了中央高校基本科研业务费专项资金(2021FR005)的资助,在此表示感谢!

李晓宇
华北电力大学

目　　录

第 1 章　导论 ………………………………………………………………… 1

 1.1　研究背景 ………………………………………………………… 1
 1.2　选题意义 ………………………………………………………… 3
  1.2.1　问题的提出 ………………………………………………… 3
  1.2.2　构建高新技术项目风险预警系统的理论意义 …………… 4
  1.2.3　构建高新技术项目风险预警系统的应用价值 …………… 5
 1.3　国内外研究现状 ………………………………………………… 6
  1.3.1　高新技术及高新技术产业方面 …………………………… 6
  1.3.2　高新技术项目风险管理方面 ……………………………… 9
  1.3.3　风险预警系统方面 ………………………………………… 11
 1.4　研究内容与研究方法 …………………………………………… 13
  1.4.1　研究内容 …………………………………………………… 13
  1.4.2　研究方法 …………………………………………………… 14

第 2 章　高新技术项目风险及其预警模式分析 ………………………… 17

 2.1　高新技术项目及其风险范畴的界定 …………………………… 17
  2.1.1　高新技术及高新技术项目 ………………………………… 17
  2.1.2　高新技术项目的特性 ……………………………………… 20

  2.1.3 高新技术项目风险 ·· 24

2.2 高新技术项目风险的生成机制 ·· 28

2.3 高新技术项目风险预警的成本与收益分析 ···························· 29

2.4 高新技术项目风险预警系统的基本功能和运行模式 ················ 30

  2.4.1 高新技术项目风险预警系统的基本功能 ······················ 30

  2.4.2 高新技术项目风险预警系统的运行模式 ······················ 31

第 3 章 高新技术项目风险的辨识研究 ·· 34

3.1 风险辨识方法的比较分析 ·· 35

3.2 现有高新技术项目风险分类的利弊分析 ······························ 40

3.3 构建高新技术项目风险预警指标体系的原则 ························ 43

3.4 高新技术项目风险预警指标分析及假设 ······························ 45

3.5 基于粗糙集理论的高新技术项目风险预警指标优化 ··············· 55

  3.5.1 粗糙集理论的原理 ·· 56

  3.5.2 粗糙集理论的特点 ·· 58

  3.5.3 基于粗糙集理论的高新技术项目风险预警指标优化模型 ········ 60

3.6 基于粗糙集理论的高新技术项目风险预警指标优化实证研究 ···· 62

  3.6.1 样本数据分析 ·· 62

  3.6.2 质量检验分析 ·· 64

  3.6.3 指标体系优化 ·· 66

  3.6.4 多元回归分析 ·· 78

第 4 章 基于 LVQ-RBF 的改进型神经网络高新技术项目风险预警模型研究 ··· 82

4.1 现有风险预警方法研究及剖析 ·· 82

4.2 人工神经网络的特点及局限性 ·· 91

  4.2.1 人工神经网络的特点 ··· 91

4.2.2　人工神经网络的局限性 …………………………………… 93

4.3　基于LVQ-RBF的改进型神经网络模型的理论基础及优势 ………… 93

　　4.3.1　理论基础 …………………………………………………… 94

　　4.3.2　优势 ………………………………………………………… 99

4.4　基于LVQ-RBF的改进型神经网络高新技术项目风险
　　　预警模型的构建 ……………………………………………… 102

　　4.4.1　LVQ-RBF网络构建 ………………………………………… 102

　　4.4.2　神经网络隐层结构分析及确定 …………………………… 104

　　4.4.3　改进型学习算法研究 ……………………………………… 108

4.5　基于LVQ-RBF的改进型神经网络高新技术项目风险
　　　预警模型的实证研究 ………………………………………… 114

　　4.5.1　数据指标选择 ……………………………………………… 114

　　4.5.2　警度确定 …………………………………………………… 114

　　4.5.3　模型训练 …………………………………………………… 116

　　4.5.4　测试结果 …………………………………………………… 117

　　4.5.5　误差分析 …………………………………………………… 118

　　4.5.6　不同模型检验结果比较 …………………………………… 120

第5章　高新技术项目风险防控与支撑条件研究 ………………… 122

5.1　高新技术项目风险防范与控制研究 ……………………………… 122

　　5.1.1　高新技术项目风险防范与控制的目标 …………………… 122

　　5.1.2　高新技术项目风险防范与控制的传导机制 ……………… 123

　　5.1.3　高新技术项目风险防范与控制的策略 …………………… 125

5.2　高新技术项目风险预警系统的支撑条件研究 …………………… 131

　　5.2.1　组织结构、组织职能及组织模式 ………………………… 131

　　5.2.2　知识共享的项目文化 ……………………………………… 139

5.2.3　高新技术项目风险管理的决策与执行 ················ 143

第6章　总结与展望 ·· 152

1. 6.1　研究结论 ··· 152
2. 6.2　主要创新点 ··· 153
3. 6.3　有待进一步研究的问题 ··· 154

参考文献 ·· 156

第1章 导　　论

1.1 研究背景

随着知识经济的高速发展以及世界科技的日新月异,高新技术产业在国民生产总值中的比重不断上升,高新技术正以前所未有的巨大威力深刻地影响着全球经济的发展以及人们的生活、生产方式,其渗透力和影响力不断提高,已经成为当今全球经济增长的重要动力源泉。

在高新技术革命迅猛发展的背景下,高新技术的发展问题受到人们越来越多的关注,越来越为各国政府所重视,提高技术创新能力、发展高新技术产业已经成为提高一国国际竞争力的必由之路。鉴于高新技术的重要性,一直以来,我国都把发展高新技术作为国际经济竞争和综合国力较量的重点,积极调整战略,大力发展高新技术产业,努力获得竞争优势。习近平总书记指出,"信息技术、生物技术、新能源技术、新材料技术等交叉融合正在引发新一轮科技革命和产业变革。这将给人类社会发展带来新的机遇。……未来几十年,新一轮科技革命和产业变革将同人类社会发展形成历史性交汇,工程科技进步和创新将成为推动人类社会发展的重要引擎。"我国把创新驱动发展战略作为国家重大战略,提出了"发展高科技,实现产业化"的号召。我国政府通过实施"国家高技术研究发展计划"(简称"863计划")、"火炬计划"、"国家科技支撑计划"等不断推动高新技术产业的发展,在高新技术领域取得了长足的进步,部分领域已经达到了国际领先水平。在充分肯定我国高新技术产业取得的显著进步的同时,我们也应当看到,我国与世界发达国家的差距还很大。2021年,我国高新技术产业产值仅占工业总产值的13.4%左右,远远低于发达国家30%~40%的水平。作为发展中国家,我国目前仍面临市场低水平竞争、产业结构亟待调整、就业压力大等问题,长期以来粗放式的劳动密集型和资源密集型的生产方式也已显示出过剩的趋势,发展我国高新技术产业、提升其运行效能就显得更为重要和迫切。

我国在发展高新技术产业的过程中,需要认清一个问题,即高新技术产业之所以能够转化为生产力,是因为其是建立在一定的有效载体和产业基础之上的,这个载体就是作为本书研究重点的高新技术项目。可以说,一个国家高新技术项目发展的好坏直接关系到该国高新技术产业发展水平和实际生产力水平的高低,对促进科技的进步、生产效率的提高、产业结构的调整、国家综合国力和国际竞争力的提升都会产生至关重要的影响。因此,对高新技术项目领域的研究也日益受到社会各方的普遍关注。

高新技术项目与趋于成熟的传统基础性技术项目相比,具有较强的复杂性和高度的风险性。在高新技术项目的建设过程中,未知因素、随机因素以及模糊因素大量存在并不断变化,由此而引发的风险将可能直接导致高新技术项目实施失败。目前,我国高新技术项目普遍存在着成功率较低、投资失控等现象,往往在时间、费用、技术或性能上未能实现人们的预期,即便是一些在传统意义上已经成功的高新技术项目,也并没有取得相应的商业价值。出现这种现象的原因有管理不善和手段落后等,但主要原因是缺乏对影响和制约高新技术项目的风险因素的前瞻性,缺少有效的高新技术项目风险预警机制,导致在高新技术项目建设中由于风险问题造成巨大的损失。因此,随着经济的发展、高新技术项目规模的逐渐扩大和复杂程度的不断增加,加强对高新技术项目风险预警问题的研究,构建科学高效的高新技术项目风险预警系统,将是我国发展高新技术产业的必然要求,这样既可以完善现代项目风险管理理论体系,补充现代项目风险管理中所没有的风险预警方法,又可以针对特殊而又重要的高新技术项目进行风险管理理论上的创新,使现代项目风险管理理论具有更好的实践指导作用,进而确保一个个高新技术项目成功实施,最终促进我国高新技术产业持续、健康、快速发展。

高新技术项目风险预警系统研究属于多学科交叉的边缘性研究课题,国内外尚无对此领域的深入研究,再加上高新技术项目所面临的内外环境的复杂多样性,使得研究工作具有独创性,研究任务艰巨而又繁重。因此,研究和建立既立足中国高新技术项目发展现状,又能与国际惯例接轨,并且具有实际可操作性的高新技术项目风险预警系统具有十分重要的现实意义。

1.2 选题意义

1.2.1 问题的提出

目前,从高新技术项目风险因素产生作用并导致风险事件发生到项目管理者发现风险并采取应对措施这一过程往往存在着较为严重的时滞现象。传统的项目风险管理只注重对项目风险的识别和评估,缺乏对项目风险先兆的预警,风险处置往往是在风险事件发生之后进行的,其对处于不断变动中的风险因素的影响没有进行跟踪和及时的反馈,因此对于突发性的风险事件无法提前做出及时有效的反应,也无法对应对措施做出调整,只能采取事后处置与补偿措施,错失了预防风险发生的关键时机。这种亡羊补牢式的风险管理给高新技术项目带来了巨大的损失。

高新技术项目具有技术含量高、不确定性强和风险因素多等特点,同时涉及高新技术、知识产品和知识工程师的管理,项目产出、进度和质量不像一般工程项目那么直观,这一切都增加了高新技术项目风险管理的难度和复杂程度。

目前高新技术项目风险管理主要存在如下问题。

第一,确定和传递高新技术项目风险预报信息尚无有效的方法和手段,缺乏全面识别风险源的方法体系,项目管理者通常靠直觉和经验判断风险信息,难以掌握各种风险事件的发生规律,经常错误判断风险信息和遗漏关键的风险因素。

第二,缺乏系统的高新技术项目风险预警机制,项目管理者虽然前期对高新技术项目风险进行了识别,但是不重视对风险发展趋势的研究,没有发现风险即将发生的信号,当项目风险因素发生微变与渐变时,项目管理者很难察觉风险出现的征兆,导致本来可以防范和控制的风险无法得到及时处置。

第三,高新技术项目风险应对措施的适应性差,当项目风险因素和风险事件发生变化时,风险应对措施不能及时得到调整,风险事件一旦发生,静态的风险应对方案难以落实。

目前,理论界对于风险预警的研究主要限于经济风险预警领域、企业经营风险预警系统及自然灾害风险预警领域,经济风险预警和自然灾害风险预警的研究对象与高新技术项目风险的研究对象差异较大,不在本文研究之列。企业经营风险预警系统和高新技术项目风险预警系统在预警指标的结构体系上有一定的相似之处,但是现有的企业经营风险预警系统不能直接用来解决高新技术项目的风险预警问题。

首先,现有的企业经营风险预警系统主要针对可重复出现的企业日常经营活动所产生的风险,如企业财务风险预警系统。高新技术项目具有唯一性和创新性等特点,每个高新技术项目遇到的风险各不相同,风险因素常常处于变动之中,这就要求风险预警系统不仅必须具有很强的前瞻性和动态性,还必须能够适应不同类型的技术创新型项目建设的需要。而现有的企业经营风险预警系统恰恰缺乏灵活的自学习适应机制,可移植性差,无法满足现代高新技术项目风险管理的要求。特别是高新技术项目对时间的要求十分严格,风险预警系统需要在规定的时间内进入运行监控状态,不可能有长时间的风险历史数据收集和风险知识学习过程。

其次,现有的企业经营风险预警系统是建立在企业信息系统基础之上的,需要充足的企业经营历史数据才能推算风险预警指标的未来值。而高新技术项目风险预警系统不仅需要丰富的历史数据,还需要具有在历史数据不完全或者缺失的情况下预报风险的能力,强调现场实时信息的处理分析。这是高新技术项目风险管理的特殊要求。

最后,现有的企业经营风险预警系统的运作模式虽然符合企业日常经营管理组织形式的特点,但无法适应高新技术项目柔性组织形式的要求,其灵活性不足以跟随项目组织变动并及时预报风险。

因此,为了有效防范和控制高新技术项目风险,有必要构建高新技术项目风险预警系统。该系统在全面识别风险信息的基础上,对引致项目风险的关键风险因素进行辨识,在项目运行过程中,针对潜在的项目风险,向项目管理者发出预警信号,同时给出风险发生的级别和风险应对措施,避免损失的产生或者进一步增加,并对风险预警系统的支撑条件进行分析和确定。

1.2.2 构建高新技术项目风险预警系统的理论意义

高新技术项目风险预警系统是一个复杂的系统,既受外部环境关联条件的影响,又受内部相关要素发展的制约。外部环境关联条件包括自然环境、宏观经济环境、政治法律环境、制度体制等,内部相关要素包括技术、市场、组织、管理等。这些复杂、综合的关联影响因素都从不同方面、在不同程度上影响着高新技术项目风险预警系统的变化,使高新技术项目风险预警系统的研究变成了一个复杂的课题。

风险指的是损失发生的不确定性,高新技术项目风险是指在高新技术项目实施过程中,各种难以预料或控制的因素的作用使投入的资本不能收回或不能达到预期收益的可能性。高新技术项目由于涉及的资金数额大、时间长,往往被称为"高风险事业",因此对于高新技术项目,项目管理者不仅要从成本与收益的关系上评价经济上的合理性,还要对其风险进行科学的预警研究,做出正确的判断,以便寻求合理的风险分担结构,获取理想的收益。

高新技术项目风险预警系统是基于高新技术的特点而产生的。

第一,高新技术项目是涉及较强智力因素和人本因素的柔性项目,其产品往往具有非实物性。柔性化管理在高新技术项目中具有很大的作用力和影响力,其与现实的偏差形成了项目建设中固有的不确定性,也增加了高新技术项目风险预警的必要性。

第二,高新技术项目较传统项目而言,其唯一性表现得更为突出。唯一性和独特性是所有项目的本质特征,而高新技术项目的技术创新性决定了其研究领域的前瞻性,绝不会有任何两个项目是完全相同的,这就意味着高新技术项目具有更强的不确定性。

以上这些特点决定了高新技术项目的复杂性,以及复杂性的不可消除性。人类在面对复杂系统时难免会出现判断失误,特别是当复杂程度超出了人类当前的认知能力时。系统的复杂程度和所引起的风险呈现出明显的非线性关系。随着风险的增大,原本可以靠个人能力处理风险的经验已不再适用,当风险继续增大时,项目管理者必须在某些方面采用专门的方法,以及运用专用的工具,同时要根据实际情况把握风险时机,做到未雨绸缪。

1.2.3 构建高新技术项目风险预警系统的应用价值

任何项目都具有一定的风险性,但相对于传统的投资建设项目而言,高新技术项目具有更高的风险性。由于人们在心理上往往会认为一个价值百万的堤坝坍塌属于严重的责任事故,而一项价值百万的高新技术项目的失败则可归为高科技"学费",因此多年来公众和媒体更容易接受高新技术项目失败的现实,而忽视了导致高新技术项目失败的各种原因。事实上,高新技术项目要比一般的项目具有更高的风险性。

据学者Daniel Xavier Houston统计:1991—1993年,美国75%的高新技术项目都以失败告终(这里的"失败"定义为项目异常中止或超期、超支或质量达不到客户要求);1992年,欧洲60%以上的高新技术项目在交付之后没有获得预期的产出收益。1996年,学者Alan Robert统计出有50%的高新技术项目出现了预算费用超支和延期现象。而我国学者左美云指出,在2001年,我国高新技术项目的成功率尚不足30%。由此可见,高新技术项目存在的风险是巨大的,降低高新技术项目的风险将会避免巨大的效益损失。

在实践中将风险预警系统运用到高新技术项目中有助于项目管理者及时合理地处置风险,提高项目风险应对速度和管理水平,使项目管理者从被动应付风险转变为主动防范风险,对高新技术项目在复杂环境下的风险管理具有实际的应用价值。

另外,由于高新技术项目的风险程度高、影响范围广,因此成功的风险管理实践会具有极大的示范作用。高新技术项目风险预警系统理论的研究和运用可以促进对项目风险管理教育的普及,使项目风险管理理论渗透到现代各个领域的项目管理中,能够产生较大的社会效益和经济效益。

1.3 国内外研究现状

1.3.1 高新技术及高新技术产业方面

1. 对高新技术的不同界定

"高新技术(High-technology)"一词源于美国。20世纪60年代,美国《高格调技术》一书表达了对高新技术这一新生事物的关注,到了20世纪70年代,关于高新技术的用语逐渐增多。当时高新技术主要泛指一大批新型技术以及由其引发的变革。1981年,美国出现了以"High-technology"命名的月刊。1983年,"高新技术"一词被收入美国出版的《韦氏第三版新国际辞典增补9000词》，作为一个正式的词语被认定下来。此后，"高新技术"一词被世界各国普遍接受和广泛使用，有人还将世界上第一座核反应堆的运行作为高新技术诞生的标志。由于高新技术是一个不断发展的相对概念，加上人们所处的社会背景和所掌握的理论体系不尽相同，因此各国在认识和使用高新技术的概念上也不尽一致。

美国学者 D. Crane 认为，应用研究如果与科学有联系，那么它就被称为高技术，如果与科学没有联系，那么它就被称为低技术。美国学者 J. Utterback 认为，高新技术在不同时期有不同所指，冷藏技术、电气技术、汽车技术和航空技术都曾是不同时期的高新技术，高新技术不局限于电子、计算机、生物工程、材料、激光、海洋工程等6个领域。美国商务部、经济合作与发展组织则是根据研发费用支出与销售收入的比值来定义高新技术的。近年来，美国学者 A. Bergman、M. Fuss 及 H. Regev 提出用技术指数来定义高新技术，这种技术指数是根据研究与开发投入强度、科技人员比重及新资本率(使用年限在3年以内的资本占资本总额的比重)等3项指标计算出来的。日本学者津曲辰一郎认为，建立在当代尖端技术和下一代科学技术基础上的技术即高新技术，高新技术必须是经济过程中的主导技术。他将高新技术定义为：旨在提高现有商品功能的必要中心技术，能赋予产品以新功能的主导技术，构成下一代产品基础的技术。我国学者则认为，高新技术是指能带来高效益、具有高增值作用，并且能向经济和社会广泛渗透的技术，是第二次世界大战以后涌现的新技术群的核心。我国学者王伯鲁提出了枚举定义法，即当代高新技术领域是指微电子与计算机技术、信息技术、自动化与机器人技术、生物技术(包括制药技术)、新材料技术、新能源技术(包括核技术)、航空和航天技术(空间技术)、海洋开发技术。总体来看，我国对高新技术有4种不同的理解：①高新技术就是高级技术、未来技术、尖端技术、新兴技术；②高新技术就是以科学技术新发现为基础的新技术、科学工业技术，是处于科学成果向生产力转化途中的技术；③高新技术是知识密集、技术密集、智力密集的技术，是科技人员和研究开发投资占有高比例的技术；④国务院1991年发布的《国家高新技术产业开发区高新技术企业认定条件和办法》规定，从科学技术领域来定义高新技术，即认为高新技术包括通常公认的近几十年发展起来的微电子科学和电子信息技术、空间科学和航空航天技术、光电子科学和光机电一体化技术、生命科学和生物工程技术等10余项高新技术及其他在传统产业基础上应用的新工艺、新技术。

从以上观点可以看出,从狭义上看,"高新技术"的概念有两层含义:高技术是指在一定时间内水平较高、反映当时科技发展最高水平的技术;新技术是相对于原有旧技术而言的,对生产产品和提供服务有新影响,代表了技术发展过程中出现的相对新颖的技术形态,新技术并不一定是高技术。在我国,"高技术"与"高新技术"两个词常交替使用,这是由我国的客观情况决定的,为了便于应用先进的适用技术来提高我国产业的整体技术水平,我国将高技术、新技术与先进的适用技术统称为高新技术。从广义上看,高新技术是一个动态的、复合的概念,主要由高新技术、高新技术项目、高新技术产品、高新技术企业和高新技术产业5个方面组成,是对项目和产业中技术含量和技术水平的评价,其特点是知识密集、技术密集、资金密集、高风险、高利润。

高新技术是一个相对的概念,在不同的历史发展时期以及不同的国家和地区,因为技术的支撑条件不同,其有着不同的内涵和外延。但有一点是明确的,高新技术是指在一定历史时期,基于科学发现而产生的新兴的、尖端的那一部分技术。

2. 高新技术产业的发展历程

从世界范围内技术发展的历史来看,在过去大部分时间内高新技术出现得比较分散,影响较小。但在工业革命时期,高新技术几乎在人们关心的所有领域中出现了,形成了科技变革的势头,深刻地影响着社会的变革。从全球的角度来看,高新技术产业的发展历程可分为以下4个阶段。

① 起步阶段(1951—1956年)。从1951年美国在斯坦福大学附近建立世界上第一座硅谷起,在美国波士顿128号公路两侧及一些大学校园附近、法国巴黎南部等产生了科学园区的萌芽,燃起了发展高新技术产业的星星之火。

② 发展阶段(1957—1969年)。在新技术革命浪潮的推动下,美国高新技术迅速发展,并向全国推广、扩展。此后,高新技术产业开始波及世界的其他地区。1959年,苏联开始兴建西伯利亚科学城;1963年,日本政府斥巨资兴建筑波科学城;随后,法国建立了索非亚·安蒂波利斯科学城。在这一时期,加拿大、罗马尼亚、阿根廷、巴西等国也建立了高新技术产业区。

③ 低潮阶段(1970—1979年)。进入20世纪70年代,由于石油危机的影响,经济危机波及西方各国,经济滞胀,失业率上升,使得高新技术产业的发展严重

受阻。

④ 飞速发展阶段(1980年至今)。到了20世纪80年代，随着各国经济的普遍复苏和发展，美国以IT产业为代表的高新技术产业蓬勃发展，苏联(俄罗斯)、加拿大、日本和西欧各国的高新技术产业也迅猛发展，新兴工业化国家和地区也不甘落后，在高新技术产业发展上奋起直追，使得全球经济不断增长，高新技术产业的发展进入了高潮。

从我国的角度来看，自改革开放以来，我国的高新技术产业迅速发展，取得了长足的进步。40多年来，我国在所涉及的生物技术、航空航天技术、微电子与信息技术、激光技术、自动化技术、能源技术、新材料技术、光机电一体化技术及环保技术等领域都取得了重大成就，并已建立起具有一定层次和纵深结构的高新技术产业，高新技术产业已成为我国国民经济发展的重要支柱之一。

目前，我国高新技术产业的绝对规模已经达到了一定的水平，并且我国高新技术产业在世界市场上占有比较重要的地位。但仍然不可忽视的是，在我国高新技术产业的发展过程中，部门结构失衡，企业规模普遍较小，项目研究开发强度低、风险大等情况仍然存在，我国高新技术产业在国际分工体系中仍然处于较低层次。我国虽然已经成为世界高新技术产品生产链条中的重要一环，但还不是世界高新技术知识生产和应用链条中的重要环节，大量高新技术产品的生产和出口并不意味着我国技术能力的提高。从这个意义上来看，我国高新技术产业是非常弱小的，高新技术项目也一直处于起步后的初级发展阶段，具有明显的对外依附性。

1.3.2 高新技术项目风险管理方面

高新技术项目(High-technology Project)是以研究与开发以及知识含量作为主要评价标准，将高新技术转化为高新技术产品或服务，对现有市场产品或服务进行替代或者为新市场提供新产品或新服务的技术创新项目。高新技术项目代表了当代科学技术和社会生产力的发展方向，既是尖端科技，源于科学新发现和发明，又日益成为大众化的应用手段。越来越多的高新技术项目已渗透到社会生产和人们的日常生活之中，新一代的高新技术正以前所未有的速度在产品化、产业化的道路上发展着。

由于高新技术项目的高风险性和高投入性，国内外的研究机构和学者对高新技术项目风险管理进行了研究。目前,国外比较有代表性的是欧洲项目管理体系所推行的全面风险管理方法,其将项目风险管理划分为风险识别、风险估计、风险评价、风险减少、突发事件评估、风险对策和监督控制等7个阶段。全面风险管理方法提供了一种系统研究项目风险的框架。为适应不同项目管理的需要,项目风险管理者和学者从该方法中提取某些关键阶段形成新的项目风险管理方法,如基于风险管理过程技术而建立的各种风险管理模型、基于知识的专家系统风险管理模型、并行工程风险管理模型、风险注册表数据库系统、风险管理方法等。同时,针对不同风险的不同特点,相关学者对项目的风险引致因素进行了探索,例如,从项目的内外部环境、团队管理、绩效整合等多方面对项目风险进行研究,并采用以案例分析为主的规范性研究方法。

国内的项目风险管理研究基本遵循全面风险管理思想,同时进行了许多有益的探索。我国对高新技术项目风险的研究主要集中在对高新技术项目投资风险领域的研究上。

清华大学的蔚林巍在《高新技术产业发展与项目管理》一文中对高新技术产业的发展与项目管理的关系问题进行了探讨,并针对我国的国情,对高新技术项目管理提出了相应的建议和要求。华南理工大学的赵剑峰在《高新技术投资项目评价模型研究》一文中从风险投资机构的角度出发,对风险投资活动中的高新技术项目的评价问题进行了研究,提出从项目的方案竞争力和企业内部竞争优势两个方面分别考核,最后形成综合评价矩阵。浙江工业大学的吴添祖、冯勤和余春生通过研究高新技术企业主体、融资战略和政府行为等影响因素,对高新技术企业发展的一般规律进行了探讨。国防科学技术大学的朱启超和匡兴华对美国航空航天局高技术项目风险管理技术与方法进行了阐述,并结合我国高技术项目管理现状,分析了我国高技术项目风险管理中存在的主要问题,提出了我国高技术项目风险管理的模型与思路。郭仲伟和王永县运用协同应急评估与响应技术的理论、方法和实现过程,以实际项目为背景,对项目的活动、风险和对策进行了研究。王振强、刘玉杰和于九如认为项目中的行为因素直接影响风险辨识,在进行风险估计时所使用的主观概率本身也直接受行为因素的影响,并且他们采用行为模型对项目风险进行了分析。

目前,对高新技术项目风险管理方法的研究主要集中在风险识别和风险评估方面。对高新技术项目风险进行识别和评估的方法很多,其中风险因素的识别方法主要有问卷调查法、风险列表法、故障树分析法、影响图分析法、系统危险分析法、德尔菲法等。对于一般项目的风险识别往往联合使用工作结构分解图、风险结构分解图或项目生命周期表,分析出每项工作会遇到的风险,同时确定该风险属于何种类型以及何时发生。对于复杂的重大项目,通常会按照部门及系统分类研究项目的风险特征,使用问卷调查法总结某一子项目存在哪些重要的风险,分别进行风险因素识别,确定各子项目是否存在固有风险等。该方法在复杂的高新技术项目风险识别中具有一定的应用价值。风险评估方法主要包括侧重于概率分析的计划评审技术、主观概率法、效用理论、层次分析法、蒙特卡洛法、贝叶斯法等,但是因为单纯的概率分析法不符合项目管理的特点,无法全面处理高新技术项目的风险信息,所以必须配合其他技术形成合理的方法体系。风险评估方法还有旨在解决信息缺失和非结构化问题并注重数据综合处理分析的模糊分析法、灰色系统理论等,这些方法可以在一定程度上弥补概率分析法的不足。

目前,国内外关于高新技术项目风险管理的研究文献往往侧重于对风险现象的分析评估、经验归纳和现象解释,对于如何主动迎接风险的挑战和驾驭风险还缺乏相应的探索。依据全面风险管理思想所衍生出来的各种技术方法和模型往往缺乏一种有效的预警机制,整体前瞻性和动态性较弱,在实践应用中风险评估方法和应对措施相互脱节,不能监控风险发展趋势而使应对措施的实施时机难以明确,并且某些风险量化模型太过复杂而实用性不足。尽管如此,现有的研究成果也为本书提供了基本平台和启示思路,本书将在现有风险管理思想以及建模优化方法的基础上,对复杂的高新技术项目进行具有前瞻性的主动管理,并对风险管理时机进行深入研究。

1.3.3 风险预警系统方面

目前国内外在风险预警系统领域的研究主要集中在宏观经济风险预警系统、金融风险预警系统、企业日常经营风险预警系统和各种灾害预警系统等方面,而高新技术项目风险预警系统方面的研究尚属空白。

按照风险预警指标选择和运算的不同方法,国内外学者建立了各具特色的风险预警系统,其中采用较多的方法是概率分析法和信号分析法。概率分析法根据历史上各个安全状态下的指标表现,制定一套预警指标体系,对指标现状进行综合评价,以判断风险管理对象的安全水平和发展趋势。信号分析法通过分析影响风险事件的主要因素,考察其相互作用及变化,研究风险发生机理、监控指标的发展趋势并形成风险信号,进而为制定风险对策提供依据。

对概率分析法等纯定量分析方法的应用主要有使用概率模式识别技术设计宏观经济风险预警系统、利用灰色预测原理研究商业银行风险预警系统以及利用指标概率研究资本风险等。但是许多学者认为纯定量分析技术无法解决风险预警中的半结构化和非结构化问题,在解决非线化问题时亦存在局限性,同时缺少定性分析,从而忽略了不少难以量化的风险信息。为了克服上述缺点,围绕信号分析法,风险预警方法得到了进一步深入研究,其中具有代表性的成果如下所述。

① 运用案例推理系统构建风险预警系统。其核心思想是在类似问题的成功求解案例基础之上进行问题的推理求解。主要步骤包括待求问题的案例表达、案例库检索、相似案例的解的修正及问题案例的学习等。

② 风险预警模糊综合评价模型。该方法认为风险系统是复杂系统,风险预警属于典型的模糊性问题,该方法通过计算机模仿人脑对风险系统的认识和判断,寻求风险管理的满意解。例如,采用基于案例的模糊类比推理方法来构建商业银行风险预警系统。

目前国内外对高新技术项目风险警兆分析问题尚缺乏理论探讨,有关的风险警兆分析只是在企业财务、金融和灾害预警系统等方面有所研究。比较有代表性的研究如下所述。

① 建立企业组织管理预警系统指标体系,并使用层次分析法和模糊理论确定指标权重。

② 为了解决定量和定性预警指标有机结合的问题,采用多级模糊综合评判的方法。

③ 引入了多指标和扩充观测指标集的方法,将整个预警流程划分为长期、中期和短期 3 个层次,从而提高了预警系统洞察市场变化的能力,以适应不同波动状态下的监测与预警需求。

国外学者针对信号分析法在风险警兆分析方面做了深入的研究,不仅提出了建立预警指标的方法,也对预警信号发生机制和警戒线进行了探索。例如,通过信噪比确定最优警戒线,以及运用网格技术研究法分析指标有效性等。

但是目前风险预警指标仍缺乏系统的有效性检验方法,在实际运用中往往是方法和功能脱节,也没有能够深入挖掘风险发生规律和对风险预警系统进行监控等的方法。另外,现有的风险预警系统需要输入大量的风险历史数据和案例数据,适合具有成熟管理信息系统的企业使用,而高新技术项目缺乏连续、稳定的历史数据和案例储备,因此构建高新技术项目风险预警系统仍然是一个迫切需要解决的难题。

综上所述,目前国内外关于高新技术项目风险预警的研究成果十分有限,更缺乏对高新技术项目风险预警系统的理论研究。如前所述,高新技术项目风险预警系统理论对高新技术项目管理具有十分重要的意义,因此有必要进行重点研究。

1.4 研究内容与研究方法

1.4.1 研究内容

高新技术项目是高新技术转化为生产力的载体,它除了具有科学技术上的前沿性和领先性的特点外,还具有涉及范围广、环节多、耗费资金巨大、研制和生产周期不确定性强、系统操作复杂、使用和维护费用高等特点,这些特点决定了其风险的高发性和复杂性,而现阶段的高新技术项目又大多缺乏抵御与规避风险的能力,因此,研究如何构建符合高新技术项目运行规律且有效的风险预警系统,是目前亟待解决的一个重要问题。

按理论联系实际的基本思路,本书在注重理论研究的规范性的同时紧密结合高新技术项目发展过程中的具体问题,将风险管理理论、技术创新理论和项目管理理论相结合,系统地分析了高新技术项目这一特定类型项目的特点及风险特征,对高新技术项目技术创新过程中的关键风险因素进行了辨识,构建了具有理论意义和实践价值的高新技术项目风险预警系统,为解决高新技术项目风险管理问题提供了依据。

本书的研究将按照提出问题、分析问题、解决问题的思路逐级推进,全书共分为 6 章,具体结构安排如下。

第1章是导论,阐明了本书的研究背景和选题意义,对国内外相关研究成果进行了综述,提出了所要研究的问题,指出了本书的研究内容和研究方法。

第2章是高新技术项目风险及其预警模式分析,对高新技术项目的概念及特性进行了界定,根据高新技术项目风险的特征对风险生成机制进行了剖析,并对高新技术项目风险预警的成本与收益进行了比较,最终提出了高新技术项目风险预警系统的运行模式,为下一步解决问题奠定了理论基础。

第3章是高新技术项目风险的辨识研究,通过对风险辨识方法以及风险分类的比较分析,提出了高新技术项目关键风险指标的假设,并通过基于粗糙集理论的高新技术项目风险预警指标优化模型及其实证分析,构建了高新技术项目风险预警指标体系。

第4章是对高新技术项目风险预警模型的研究,通过对现有风险预警方法的研究及剖析,提出了基于LVQ-RBF的改进型神经网络高新技术项目风险预警模型,并通过实证研究证实了该模型的有效性。

第5章是高新技术项目风险的防控与支撑条件研究,在前文的基础上,通过确定高新技术项目风险防范与控制的目标并对风险传导机制进行分析,提出了高新技术项目风险防范与控制的策略。同时结合高新技术项目风险预警系统的特点,分别从组织模式、项目文化、决策与执行等3个方面建立了高新技术项目风险预警系统的支撑条件体系,指明了支撑高新技术项目风险预警系统的具体条件和相应措施。

第6章是总结与展望,对本书进行了总结,阐述了本书的主要创新点,并提出了有待进一步深入研究的问题。

1.4.2 研究方法

科学的方法是认识世界的有效工具,能起到事半功倍的效果。A. R. Lencey在他所著的《哲学词典》中对方法的定义为:"对那些总是指导着科学探索的推理和实验原理及过程的一种系统分析和组织……也称之为科学的方法。因而,方法论是作为每一门科学的特殊方法的一种总称。"经济学家Joseph Alois Schumpeter将研究方法总结为3种:历史分析法、模型分析法和统计分析法(又称实证分析法)。运用科学的方法论有助于得出有益的结论。本书采用了多种方法研究高新技术项目风险预警问题。

首先,充分运用定性分析方法。定性分析方法即科学抽象、逻辑思维方法,是认识对象性质和规律的重要手段,是科学研究中比较常用的方法。本书采用了归纳和演绎、类比和比较等定性分析方法。

归纳和演绎属于推理方法,即根据原有的知识推出新知识的思维方法。归纳是从特殊事实中概括出一般原理的思维方法,可以从个别的、单一的事物的性质、特点和关系中概括出一类事物的性质、特点和关系,由不太深刻的一般到更为深入的一般,由范围不大的类到范围更广的类。归纳有完全归纳法和不完全归纳法、简单枚举归纳法和科学归纳法之分。演绎是从一般到特殊,是根据一类事物都具有的一般属性、关系和本质来推断该类事物中的个别事物所具有的属性、关系和本质的推理和思维方法。本书通过调查分析,采用不完全归纳法来分析高新技术项目风险管理过程中存在的问题,找出对项目风险后果起到关键制约作用的风险因素,并通过演绎推断的形式,将项目管理理论、风险管理理论和技术创新理论相结合,根据高新技术项目风险的特征,提出高新技术项目风险预警的分析框架。

比较和类比是对比性的研究方法。比较是将两个或两个以上相似或具有可比性的事物进行对比,从而更全面深入地认识事物的特征和个性的一种研究方法。类比是根据两个或两类对象的相同或相似方面来推断它们在其他方面也相同或相似的一种研究方法。事物之间的同一性和相似性提供了从一类对象推到另一类对象的可能性。本书对现行风险辨识方法及风险预警方法进行了详尽的比较分析,为构建科学合理的高新技术项目风险预警系统奠定了基础。

其次,合理运用定量分析方法。定量分析就是用数学方法对数据资料进行分析和处理,得出定量结论或数学模型的一种科学研究方法。本书在分析高新技术项目关键风险因素和风险预警系统的测度问题上均进行了定量分析。定量分析方法可以使研究对象的特征更加清晰,使研究结果更具有说服力。

再次,定性分析定量化和定量分析定性化,遵循定性—定量—定性的分析思路,使两者有机结合。定性分析多采用主观经验方面的判断分析方法,和数学上的定量分析方法相比显得较简单,但是这种方法是人们长期实践的总结,是一种经过充分考虑的总体分析。定量分析方法也有一定的局限性。例如,对难以获得数据或没有原始数据的目标不能进行分析,采用数学模型对现实系统进行模拟,必须对现实系统进行简化和量化。对于这种简化和量化,一方面必然会在某种程度上存在因素分析不充分、机理探讨不深入的问题,另一方面随着时间的推移原先被忽略的次要因素可能上升为关键而重要的主要因素。一旦如此,原来的数学模型就难以描述现实系统了。为此,本书在探索和分析各种问题时,明确定性分析是定量分析的基础,定量分析是定性分析的量化和具体化,将两者结合以解决一些具体问题。本书首先采用了定性分析方法对项目风险进行分析和识别,然后用定量化的统计分析方法和数学模型对风险进行确定、评价、预测和警度发布,最后针对项目的具体情况定性地提出了风险调控措施,并分析了具体的支撑和保障条件。

最后,运用模型化方法。模型是理论的一种规范化的表述。由于所有的模型都是通过去掉一些不必要的部分而使现实简单化,因此它们是一种抽象。模型可以用文字、图形和方程等形式加以表述。高新技术项目风险预警系统是一个复杂的系统,具有复杂的成分、复杂的联系和复杂的行为。本书运用粗糙集理论建立了高新技术项目风险预警指标优化模型,并应用人工神经网络理论建立了基于LVQ-RBF的高新技术项目风险预警模型,通过数学模型用定量化的方法揭示了高新技术项目中风险运行的态势,以达到动态科学地解决复杂问题的目的。

本书中具体的数据分析是以统计数据为基础的,本书主要运用了比较分析、比较静态分析、统计描述、回归分析等方法来揭示高新技术项目风险的特点和发展规律,注重实证分析与规范分析相结合是本书方法论的特征。方法的采用与否是根据所要解决问题的性质和方法本身的特点来确定的。各种方法的采用依据、主要内容以及具体的运用过程详见后面章节的分析。

第 2 章　高新技术项目风险及其预警模式分析

2.1　高新技术项目及其风险范畴的界定

2.1.1　高新技术及高新技术项目

1. 高新技术范畴的界定

高新技术是以当代最新科学成就为基础,以知识、技术、智力和研发资金密集为条件,随着空间和时间的动态变化,主导社会生产力的发展方向,实现原有相关产业或技术上的间断性跳跃,能够对国家科技进步、经济发展产生重大影响,促进产品和企业的发展,优化产业结构并影响现有支撑网络结构和性质的尖端技术群。

高新技术并非仅指某一项技术,而是指处于科学、技术和工程前沿的科技群落(或群体),具有跨学科的性质。高新技术作为一个发展着的相对概念,在不同阶段、不同国家和地区的具体内涵和外延有所不同,但有一点是明确的,高新技术是指在一定历史时期,基于科学发现而产生的新兴的、尖端的那一部分技术。目前,国内外学术界对高新技术的界定认识不一,不同的学者和机构试图从不同的角度揭示高新技术的内涵,其中比较有代表性的看法大致有以下几种。

美国专家认为,高新技术是对企业及其产品的技术含量和水平的评价。其中,美国国家科学基金会认为,科技人员在员工总数中占 2.5% 以上,且研究开发费用与净销售额的比值在 0.035 以上的企业,属于高新技术企业的范畴,美国商务部也将上述两项指标作为高新技术产品的衡量标准。经济合作与发展组织(简称经合组织)专家将研究开发费用与销售收入的比值高于 0.045,且科技人员在全体员工中占3%以上的企业列入高新技术企业的范畴;将研究开发费用与销售收入的比值为0.01~0.045,且科技人员在全体员工中占1%~3%的企业列入中等技术企业的范畴;将研究开发费用与销售收入的比值低于0.01,且科技人员在全体员工中占1%以下的企业列入低端技术企业的范畴。这一分类方法比较简捷,得到了经合组织各国的普遍认同。日本专家认为,高新技术是以当代尖端科技和下一代科学技术为基础建立起来的尖端技术群。我国部分专家认为,高新技术是以创新为基础,影响现有支撑网络结构和性质的技术。

在高新技术领域的划分方面,目前,国际上一般公认的高新技术领域主要包括信息技术、生物技术、新材料技术、新能源技术、空间技术、海洋技术等技术领域。其中,美国人口统计局将高新技术的范畴划定为生物技术、生命科学(包括医学)技术、光电子技术、计算机和通信技术、电子技术、计算机综合技术、航天技术、材料技术、武器技术、核技术等10项技术。

我国《国家高技术研究发展计划纲要》将高技术的范畴划定为生物技术、信息技术、自动化技术、激光技术、航天技术、新材料技术、能源技术和海洋技术等8项技术。国务院于1991年3月将高技术的概念延伸为高新技术,将高新技术的范畴划定为微电子科学和电子信息技术、空间科学和航空航天技术、光电子科学和光机电一体化技术、生命科学和生物工程技术、材料科学和新材料技术、能源科学和新能源、高效节能技术、生态科学和环境保护技术、地球科学和海洋工程技术、基本物质科学和辐射技术、医药科学和生物医学工程等11项技术。1995年9月,《中共中央关于制定国民经济和社会发展"九五"计划和2010年远景目标的建议》把电子信息、生物、新材料、新能源、航空、航天、海洋等方面的高新技术作为重点开发的高新技术领域。

从整体上来看,高新技术通常是以其知识密集程度和技术复杂程度来界定的,本书主要采用经合组织对高新技术的指标界定以及我国对高新技术领域的划分认定。如图2.1所示,按照科技含量指标对技术水平进行分类,将研究开发费用与销售收入的比值高于0.045,科技人员在员工总数中占3%以上的企业列入高新技术企业范畴;按照我国对高新技术领域的划分认定,将微电子科学和电子信息技术、空间科学和航空航天技术、光电子科学和光机电一体化技术、生命科学和生物工程技术、材料科学和新材料技术、能源科学和新能源、高效节能技术、生态科学和环保护技术、地球科学和海洋工程技术、基本物质科学和辐射技术、医药科学和生物医学工程等技术领域列为高新技术领域。

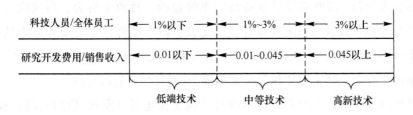

图 2.1　本书对高新技术的界定

2. 本书对高新技术项目的界定

高新技术项目是高新技术转化为生产力的载体，国内外的不同学者对其有着不同的认识。

Bert De Reyckr 认为，高新技术项目区别于一般项目的特点主要在于技术方面和经济方面，高新技术项目是在技术方面具有创新性和先进性，能够跳跃式地提升技术水平，提高产品的集成性，在经济方面研发投资巨大，风险性强，并且具有极高的潜在经济回报的项目或项目群。

P. Balachandra 认为，高新技术项目是高新技术转化为生产力的载体，它除了具有科学技术的特点外，还具有高技术性、高投入性、高风险性、高收益性等特点。投资者在选择高新技术项目前除了要进行常规的投资可行性研究外，还要对高新技术项目投资风险进行深入的分析与评价，探讨高新技术项目实施风险的来源、构成，估计风险事件发生的概率及对投资者可能造成的损失，尽可能地将风险程度定量表示，以便对不同方案进行比较选优。

Daniel Xavier Houston Jr 认为，高新技术项目是充分利用各领域的先进技术，为解决复杂技术问题的决策提供支持的项目，具有技术领先、层次多、因素复杂、不确定性强等特点，是信息化、智能化的复杂系统。

曹源芳认为，高新技术项目是企业将高新技术转化为高新技术产品或服务，对现有产品或服务进行替代或者为新市场提供新产品或新服务的技术创新项目。

刘西华认为，与一般项目相比，高新技术项目具有风险高、投资高、收益高、产品生命周期短、市场竞争激烈和项目间差异大等特点。具体而言：高新技术项目一般具有较高的收益，但也需要较高的研发投入来维持项目的持续发展；高新技术项目的产品生命周期较短，进而要求项目的投资回收期要短，这就要求高新技术项必须有比一般项目高得多的内部收益率。

任志安认为，高新技术项目投资是指把资金投向蕴涵着较大失败风险的高技术和新技术项目，以期成功后取得高资本收益的一种商业行为。高风险、高收益是高新技术项目投资的最主要特点。虽然投资的失败将给企业带来巨大的损失，但是企业不能因为惧怕失败而放弃高新技术项目投资。高新技术项目投资对于一个企业的生存和发展来说往往是至关重要的，而且是不能回避的。

从国内外不同学者对高新技术项目的概念描述可以发现，他们对高新技术项目的定义都存在一些相同之处，就是所有对高新技术项目的定义都是基于其特点展开的。高新技术项目在技术水平上具有创新性和前沿性，在经济投入上具有高投资性以及高收益性，这些特点又决定了高新技术项目具有高风险性。但这些对高新技术项目的界定在全面性和系统性上稍显不足，目前仍没有一个能够全面表述高新技术项目特性及内涵的系统性定义。

本书根据上述对高新技术项目的不同界定，为了使高新技术项目的定义充分反映出其基本特性和内涵，同时考虑我国高新技术产业的发展现状，对高新技术项目界定如下：高新技术项目是指为了实现特定的高新技术研发及产业化目标，按设计方案实施，以资金和智力资本的高投入为基础，以高风险、高收益为特征，涉及多种知识和技能，经济上统一核算，并由独立的组织形式实行统一管理，以取得一定的社会效益和经济效益的技术创新活动。

2.1.2 高新技术项目的特性

与传统的一般项目相比，高新技术项目具有自身独有的特性，主要表现为技术特性、经济特性以及影响力特性等3个方面。

1. 技术特性

高新技术项目的技术特性主要体现在智力资本密集性、技术创新性、跨越式发展性、系统复杂性等4个方面。

（1）智力资本密集性

高新技术项目的智力资本密集性体现为知识密集、技术密集。高新技术作为智力资本密集型技术，不仅是在原有发展道路上进行技术革新和积累，而且是在广泛利用现有科技成果的基础上，通过研发的高投入，进行知识开拓和积累，创立新的技术思路和途径。

(2) 技术创新性

高新技术以最新科学成就为基础,通过持续的研究和探索,使技术不断创新。高新技术在项目开发中的应用加速了高新技术的渗透和辐射,只有具有高技术创新水平的高新技术产品才具有较强的国际市场竞争力,技术发展的创新性和领先性是区别高新技术项目与一般项目的重要依据之一。

(3) 跨越式发展性

高新技术的发展不能脱离现有的技术基础,但高新技术绝不是现有一般技术的综合、延伸或改良,而是在综合现有诸多领域先进技术的基础上创造的全新概念的技术。一方面,高新技术项目具有的技术创新性为其实现跨越式发展提供了必备条件;另一方面,高新技术项目在技术层面的跨越式发展又为其进一步进行技术创新奠定了基础。同时,技术上的跨越式发展也是高新技术项目实现战略领先的保障。图 2.2 所示为高新技术项目战略领先架构。

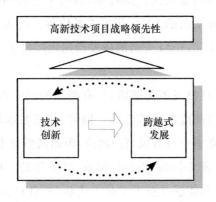

图 2.2　高新技术项目战略领先架构

(4) 系统复杂性

高新技术的发展和应用是一个复杂的系统工程,一方面需要项目内部各部门、各组织单位协调配合,另一方面需要项目与外界各方面加强联系。高新技术项目包括紧密相关的 6 个方面的创新:观念创新是核心,制度创新是前提,技术创新是基础,产品创新是载体,市场创新是目的,管理创新是保证。这 6 个方面的内容相互影响、相互制约,构成一个多层次、系统有序的统一整体。同时,高新技术项目的开发实施是在其他诸多相关科学技术的基础上系统集成的结果,一般而言,技术水平越高、越尖端,需要系统集成的科学技术门类也就越多。高新技术的系统性预示着高新技术的发展和应用越来越倚重其他相关科学技术所提供的条件,高新技术创新过程不仅是一体化的功能交叉过程,而且是多机构系统的集成网络连接过程。

由此可见,任何一个高新技术项目都是一个复杂的系统,都是多项科学技术相互支撑而融合发展的系统工程。

2. 经济特性

高新技术项目的经济特性主要体现在研发资金的高投入性、高风险性、高收益性、强垄断性以及强替代性等 5 个方面。

(1) 研发资金的高投入性

高新技术是创新尖端技术,涉及的学科领域多,技术开发的要求高、难度大、周期不确定性强,需要巨额资金投入。同时,由于高新技术的二次开发和连续创新要求较高,即使首次开发获得成功,仍需要大量的二次开发和连续创新的研发费用才能将产品推向市场,并保证产品的竞争力,否则,就容易出现被潜在竞争对手超越的危险。因此,为保证高新技术项目的顺利实施,高新技术企业每年都要投入巨额的研发费用,以保持技术的领先性。2004 年,西门子公司的研发费用高达 56 亿欧元,占整个德国全国研发支出的 10%,相当于平均每天投入 1.2 亿元;三星电子的研发费用高达 58.6 亿美元;IBM 公司的研发费用则超过了 48 亿美元。

(2) 高风险性

高新技术研究处于科技发展的前沿,具有明显的前瞻性。任何一次开创性的构思、设计和实施都具有高度的不确定性。同时,高新技术项目研发与产品、市场的关系密切,在激烈的竞争中具有极高的风险,因而高新技术项目的成功率要远远低于一般项目。美国学者 Edwin Mansfield 在 2000 年的一项统计表明,只有 60% 的高新技术研究开发计划能够在技术上获得成功,并且只有其中的 30% 能够推向市场,在推向市场的产品中仅有 12% 是赢利的。由此可见高新技术项目的高风险性。

(3) 高收益性

高新技术是以最新科技成果为基础形成的先进技术,能够大幅度地增强产品的功能,显著地提高劳动生产率、资源利用率和工作效率,从而创造巨大的经济效益。高新技术项目一旦研究成功,就会迅速扩散渗透到社会经济生活的各个层次,从而产生巨大的社会效益和经济效益。高新技术项目能够获得高额投资回报的主要原因在于:首先,高新技术企业依托技术垄断地位,能够获得高于行业平均利润的超额利润;其次,高新技术产品具有衍生性需求的特征使其推广应用的市场潜力远非一般技术可比;最后,高新技术产品拥有较高的附加值,边际成本较低,原材料成本所占比重较小。据统计,高新技术产品的销售利润率平均高达 30% 以上。

(4) 强垄断性

高新技术项目具有知识密集、技术密集的特性,并有专利保护,在一定时期内有较强的垄断性。有学者认为,技术创新的3个决定性的变量(竞争强度、企业规模和垄断力量)对于高新技术产品的赢利能力、市场前景以及创新的连续性都是相当重要的。微软公司的代表产品 Windows 操作系统是世界上使用最广泛的个人计算机操作系统,该公司几乎占领了整个个人计算机操作系统及办公软件市场,而英特尔公司则控制着全世界85%以上的微处理器市场,这些都是高新技术所带来的强垄断性的体现。

(5) 强迭代性

高新技术产品迭代性强是技术升级和产品更新快的结果。目前,世界范围内技术的年淘汰率为20%,技术的平均生命周期只有5年,高新技术及其产品的生命周期则更为短暂。美国的 Gordon Moore 在1965年曾提出著名的"摩尔定律":每隔18个月,计算机芯片的集成度便提高一倍,价格下降一半。以英特尔公司为例,该公司自1992年推出 Pentium 75 到1996年推出 Pentium 200,历经4年,平均每18个月运算速度便提高1倍。可见,迫于竞争压力和谋求技术先进及垄断地位,高新技术企业通过持续创新,不断加快技术升级和产品更新,形成高速的改进—替代—改进—替代机制。由此可见,高新技术项目及其产品的自我替代速度大大超过了普通技术项目及其产品。

3. 影响力特性

与传统的一般项目相比,高新技术项目具有更加深远的影响力,具体表现在高新技术项目具有战略性、渗透性和时效性。

(1) 战略性

高新技术标志着当今世界科学技术发展的制高点,它是以科学技术形态表现出来的一种战略资源和国家实力,直接关系到一个国家或地区在全球竞争格局中的经济、政治和军事地位。高新技术项目的研发能力和水平是体现一个国家的高新技术产品在国际市场上的竞争力的重要标志,世界各国都把高新技术项目的研究与发展视为科学技术发展的重点,把高新技术产业作为战略产业来对待。

(2) 渗透性

高新技术项目处于综合性和交叉性都较强的技术领域,能够广泛地渗透、辐射、扩散到各产业部门,带动各领域的技术进步,促进生产力的提高,促进新兴产业部门的成长,推动国民经济的增长。由于高新技术项目具有极强的技术渗透性和扩散性，因此其成果往往应用于诸多产业和产品领域，引发一系列技术变革，并通过与其他产业的技术融合，形成新的技术，应用于新的领域。例如，以计算机技术、通信技术和控制技术为代表的现代电子信息技术的发展推动了整个社会的自动化——工厂自动化、办公自动化、家庭自动化和农业自动化，极大地影响和改变了现代社会的生产和生活方式，把社会推向了信息时代。

（3）时效性

当今世界科技的发展日新月异，高新技术成果不断涌现，高新技术项目从研究、开发到生产、应用的周期也在迅速缩短，其时效性更加突出。只有及时将高新技术项目成果产业化，高新技术产品才会有竞争力。高新技术产品由于具有独特的产品特点或优势，利益巨大，吸引人们不断投入巨资进行更新技术的研究开发，因此在时间上新产品不断替换旧产品，导致高新技术产品的生命周期和技术垄断期不断缩短，难以保持长期的市场利益。以信息产业为例，微软、英特尔与IBM等公司在全球计算机市场霸主地位的颓势已初见端倪，而Google、Sun、Oracle等公司却抓住了因特网的发展机会，得到了快速成长。显然，一旦出现技术升级或替代，原有的高新技术便会失去垄断地位，价值和使用价值将急剧下降，市场生命有可能终结。

2.1.3 高新技术项目风险

1. 风险的含义

风险是人类历史上长期存在的客观现象，它既可能带来损失，也可能蕴藏着机遇。个人、团体或企业从事任何经济或社会活动都面临着风险。风险是损失的不确定性，但对这一基本概念，尚未形成一个被所有经济学家、统计学家、决策理论家和保险学者一致认同的并适用于各个相关领域的定义。

美国学者Arthur Williams在其经典著作《风险管理与保险》中将风险定义为"给定情况下存在的可能结果的差异性"。而保险理论中有关风险的定义为"风险是对被保险人的权益产生不利影响的意外事件发生的可能性"。比较经典的风险定义是《韦氏词典》给出的："风险是遭受损失的一种可能性。"在一个项目中，损失可能有各种不同的形式，如质量的降低、费用的增加或项目完成时间的推迟等。

实质上，风险的含义可以从多种角度来考察。第一，风险同人们有目的的活动有关。人们从事活动，总会预期一定的结果，如果对于预期的结果没有十分的把握,人们就会认为该项活动有风险。第二,风险同将来的活动、事件或项目有关,已经结束了的活动、事件或项目既成事实,后果已无法改变。对于将来的活动、事件或项目,总有多种行动方案可供选择,但每种方案达到预期结果的程度是不同的。也就是说,风险同行动方案的选择有关。第三,风险与内外部环境的变化,以及人们的思想、方针及行动方式的选择有关。

简单地说,风险是指损失发生的不确定性,它是不利事件或损失发生概率及其后果的函数,用数学公式表示为

$$R = f(P, C)$$

其中,R 表示风险,P 表示不利事件或损失发生的概率,C 表示该不利事件或损失对应的后果。

更具体的表述为:风险是因人们对未来行为的决策及客观条件的不确定性而可能引起的后果与预期的目标发生多种负偏离的综合。

要全面理解上述定义,应注意以下几点。第一,风险是与人们的行为相联系的,这种行为既包括个人行为,也包括群体或组织行为,不与行为联系的风险只是一种危险,而行为受决策左右,因此风险与人们的决策有关。第二,客观条件的变化是风险的重要成因,人们尽管无力控制客观状态,却可以认识并掌握客观状态变化的规律,对相关的客观状态做出科学的预测,这也是风险管理的重要前提。第三,风险是指可能的后果与目标发生负偏离,负偏离是多种多样的,且重要程度不同,而在复杂的现实经济生活中,"好"与"坏"有时很难截然分开,需要根据具体情况加以分析。第四,尽管风险强调负偏离,但实际中也存在正偏离,由于正偏离是人们的渴求,属于风险收益的范畴,因此在风险管理中也应予以重视,以激励人们勇于承担风险,获得风险收益。

2. 高新技术项目风险的特征

目前,对项目风险管理理论已有很多研究。英国学者 David Baldry 认为,风险是项目的固有因素,并且在项目生命周期的不同阶段表现出不同的形式,因而应在项目生命周期内对风险进行动态的管理;英国学者 S.C. Ward 认为,风险管理的一项共同工作是对项目各阶段风险的发生概率和破坏程度进行排序。

在高新技术项目管理领域,风险可以理解为一旦发生就会对项目造成损失的潜在威胁,也可以理解为对项目全过程可能产生影响的不确定性因素,如技术生命周期的不确定性、项目技术系统的匹配程度、项目实施阶段的进度与费用、高新技术成果的市场需求空间等。风险是一种可能性,一旦成为现实,就叫作风险事件。

任何项目都会有风险。

风险一般具有随机性、相对性、可变性等几个基本特征,而高新技术项目是具有一定研发周期、投资金额大、技术要求高以及技术复杂性强的系统研发过程。在该过程中,未确定因素、随机因素和模糊因素大量存在,并不断变化,由此造成的风险复杂程度和风险强度要远远高于一般项目。高新技术项目风险预警管理就是研究风险发生规律并对其进行控制,即采取必要的措施和方法,促使风险事件向有利的方向转化,使风险损失减少到最低程度。

高新技术项目风险的特征具体体现在以下几个方面。

(1) 风险的高集中度

高新技术项目具有投资金额巨大、涉及范围广、风险因素数量多且种类繁杂的特点,使其在全生命周期内面临的风险多种多样,而且大量风险因素之间的内在关系错综复杂,各风险因素与外界因素的交互影响又使风险显示出集中度高的特征。根据帕累托法则,有相当大的一部分风险是在项目的一个阶段以较高的集中度发生的。在高新技术项目的实施阶段风险发生最为频繁,所以应该密切注意风险的高发阶段。

(2) 风险的并发性

任何风险的发生都是诸多风险因素和其他因素共同作用的结果,是一种随机现象,但风险事件的发生是必然的。高新技术项目由于自身的技术复杂性和智力资本密集性的特点,风险的关联性较强,一些不确定因素的微小变动就会使多个风险发生连带反应,在同一时间和空间并发,这样直接导致的结果是增大了风险发生的概率。对大量风险事件资料的统计分析发现,其呈现出明显的运动规律,这就使人们有可能用概率统计及其他现代风险分析方法计算风险发生的概率和损失程度,从而加强对风险的控制。

(3) 风险的高随机性

风险是一种可能性,这种可能性在高新技术项目中是必然存在的,而且比一般的项目更高。据统计,美国高新技术项目的成功率只有 15%～21%,另外有约 60% 的项目受挫,有约 20% 的项目失败,甚至即使成功的高新技术项目能够维持 5 年以上不衰的也只有 5% 左右。美国生物技术项目的失败率更是高达 90%。

(4) 风险的相对性

高新技术项目风险的相对性表现在以下两个方面。

第一,风险总是相对于项目主体而言的。同样的风险对于不同的高新技术项目主体有不同的影响,有些主体可能遭受巨大损失,而有些主体却可能因同一风险而有着相当大的盈利机会。例如,在生物医疗项目的试验阶段,原试验方案的失败会改变试验设计,增加试验次数,从而导致资金投入增加、项目进度延期等问题,使投资方、项目承接方等都受到不同程度的损失,但试验试剂供应商却会因重新得到一批订单而获益。

第二,人们对于风险事件的承受能力因活动、人和时间而异。对于高新技术项目风险,人们的承受能力主要受下列几个因素的影响。

① 收益的大小。收益总是有损失的可能性相伴随。损失的可能性和数额越大,人们希望为弥补损失而得到的收益也越大;反过来,收益越大,人们愿意承担的风险也就越大。

② 投入的多少。由于具有高投入的特点,高新技术项目活动投入的越多,人们对成功所抱的希望越大,愿意冒的风险就越小。一般人希望活动获得成功的概率随着投入的增加呈 S 形曲线规律增加。当投入较少时,人们可以接受较大的风险,即使获得成功的概率不高也能接受;当投入逐渐增加时,人们就开始变得谨慎起来,希望活动获得成功的概率能够提高。

③ 拥有资源的多少。对于同一风险,不同个人或组织的承受能力也不同。一般来说,个人或组织拥有的资源越多,其风险承受能力越强。例如,英特尔公司在进行新一代芯片研发过程中,往往倾向于对具有更高风险且具有更高不确定性的前沿技术进行尝试,这是因为相比于其他芯片企业,英特尔公司具有更强的实力和更多的资源支持,也因此对于风险具有更大的承受能力。

④ 对风险的态度。人们对风险的态度可分为保守型、中间型和冒险型 3 种,根据效用理论,可以得到不同风险态度人群的效用曲线,如图 2.3 所示。

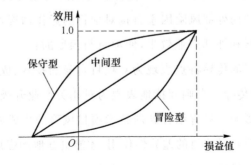

图 2.3 不同风险态度人群的效用曲线

(5) 风险存在与发生的可变性

风险存在与发生的可变性是指风险在一定条件下可转化的特性。风险存在与发生的可变性表现在以下几个方面。第一,由于高新技术发展的动态性和项目进程中的不确定性,高新技术项目的不同阶段会有各自不同的影响作用,随着项目的进展,有些风险会自动消失,有些风险又会产生。因此,在高新技术项目的不同阶段,应采取不同的风险控制方法。第二,由于对高新技术项目风险规律性认识的加深和抵御风险能力的增强,人们能在一定程度上降低风险所带来损失的范围和程度,减少风险的不确定性,降低风险存在与发生的可能性,从而使某些风险不再存在,或者即使存在,也能被人们所控制。第三,新技术、新工艺、新方法的广泛运用和现代科学技术的迅速发展给人们带来了新的风险和新的损失机会,新的风险事件和风险因素也会增加。

2.2 高新技术项目风险的生成机制

高新技术项目风险是指在高新技术项目复杂的内外环境中,因人们对未来行为的决策及客观条件的不确定性而可能引起的后果与预期的目标发生多种负偏离的综合。项目管理者对风险因素对象有目的地加以预警和控制,从而达到防范风险并减少损失的目的。

本书提出了高新技术项目风险生成和传导分析框架。高新技术项目风险可分为两类,一类为内部环境引致的风险,另一类为外部环境引致的风险。以上两类风险又可细分为各类子风险。其中,高新技术项目内部环境引致的风险可划分为技术风险、经济风险和管理风险,外部环境引致的风险可划分为环境风险和市场风险。高新技术项目的内外部风险因素直接对项目的运作情况产生影响,并作用于项目的内部表征要素和外部产业效果,使项目与预期的目标发生负偏离。高新技术项目内部风险因素的传导特点表现为对项目自身的技术、成本和时间目标的影响,外部风险因素的传导特点则间接地表现为对相关产业升级、产业带动、政府导向以及战略前景的影响。只有结合高新技术项目风险的生成原因及其传导特点,全面分析不同风险因素对项目的差异性作用,才能更好地加强风险调控,实现高新技术项目风险管理的目标。

2.3 高新技术项目风险预警的成本与收益分析

实施风险预警将会增加高新技术项目管理的成本,通常称之为风险成本。由于风险预警能够及时预测获知风险信息使风险明确化,并通过运用一系列的管理技术措施来帮助降低风险所造成的损失,从而降低项目的总体成本,因此从某种意义上来说,风险预警是可以为项目带来收益的。

在项目的初始阶段,不确定性因素较多,风险发生的概率较大,而此时处理风险的成本却比较低,也就是说,通过进行低成本的风险分析就能获得避免产生损失的最大机会;随着项目的进行,虽然不确定性因素逐渐减少,但项目已经有大量的投入,处理风险的成本急剧增加。因此,在项目早期阶段就重视风险问题的解决更有可能获得较高的收益。风险概率和风险成本的趋势如图2.4所示。

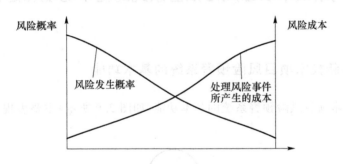

图2.4 风险概率和风险成本的趋势

风险预警的最终目的是防范和控制风险,但其对应的成本要多于简单地凭个人直觉做出决定对应的成本。从图2.5可以看出,在项目的初始阶段,依靠个人直觉做出风险决策可能不需要花费时间,也不会产生直接的管理成本,从某种意义上来说,依靠个人直觉进行风险管理的方式可以给项目带来一定的收益,但大多数时候依靠直觉所做出的决定是错误的。一方面,采用风险管理将在一定程度上增加管理的成本,而且风险预警系统越精确,所增加的成本就越多。另一方面,有效的、系统化的风险管理使得项目管理者可以随时对风险有正确的认识,减少了决策的盲目性,并且提供了减少风险带来损失的手段和方法,从而能够带来正面的收益。控制风险所需付出的成本和相应带来的收益综合起来,将会大于仅仅依靠个人直觉的判断带来的收益。也就是说,采用有效的风险预警系统,其收益要远远大于其成本。

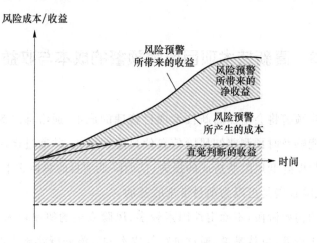

图 2.5　高新技术项目风险预警的成本与收益分析

2.4　高新技术项目风险预警系统的基本功能和运行模式

2.4.1　高新技术项目风险预警系统的基本功能

高新技术项目风险预警系统的基本功能(如图 2.6 所示)主要表现为以下几个方面。

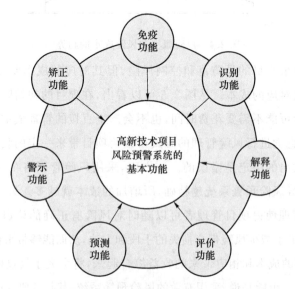

图 2.6　高新技术项目风险预警系统的基本功能

1. 识别功能

对高新技术项目全生命周期中的风险状态以及各种风险因素进行客观的分析和描述。

2. 解释功能

分析各种风险发生的原因及活动背景,并将各种原因对项目风险的影响进行因果关系的剖析,详细说明其关系。

3. 评价功能

对各种项目风险的成因、发展过程及后果进行综合评判,并做出合理的判断。

4. 预测功能

根据上述分析及现有的资料信息,分析高新技术项目风险涉及因素的变化趋势,估算其未来变化对高新技术项目活动发展可能产生的各种影响,预测其可能的结果。

5. 警示功能

对高新技术项目活动以及项目环境进行监测、识别、判断与报警,通过设立风险预警状态,对某些可能的错误和行为进行报警。

6. 矫正功能

依照预警管理的信息,对项目管理失误与项目管理波动进行主动的预防控制并纠正其错误,促成风险管理过程在非均衡状态下的自我均衡。

7. 免疫功能

对同质的失误行为和管理波动趋势进行预测或迅速识别并采取有效对策。例如,对高新技术项目管理过程中出现的过去曾经发生过的失误征兆或相同的致错信息进行较准确的预测并运用规范手段予以有效制止或回避。

2.4.2 高新技术项目风险预警系统的运行模式

高新技术项目风险预警系统的有效运行是项目目标得以实现的有力保障。高新技术项目风险预警系统的运行应根据项目风险管理目标,围绕引起项目风险的内外部影响因素进行。其运行模式具体如图 2.7 所示。

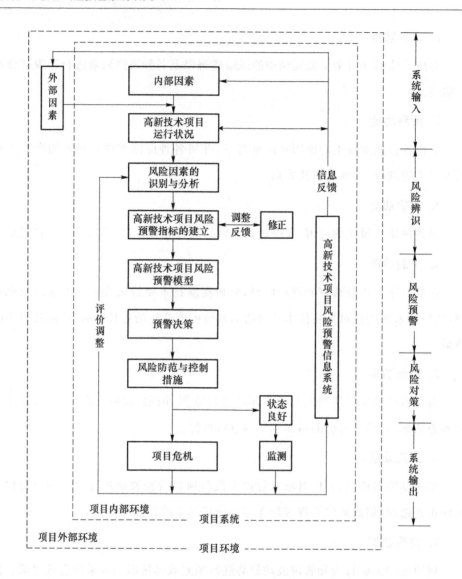

图 2.7 高新技术项目风险预警系统的运行模式

从图 2.7 可以看出，高新技术项目风险预警系统的运行过程包括系统输入、风险辨识、风险预警、风险对策以及系统输出 5 个部分。其中：系统输入主要是指影响系统状态的内外部因素；风险辨识包括对风险因素的识别与分析，以及高新技术项目风险预警指标的建立；风险预警指预警技术、预警方法和预警模型，包括风险评价、预警信号输出等；风险对策指风险的防范和控制措施，包括风险防控方法及策略等；系统输出反映预警系统的结果，指明系统目前的运行状况是良好从而转入进一步监测以维持现状，还是处于风险防控失败状态转而产生项目危机。系统输出的结果要进入高新技术项目风险预警信息系统,通过信息库进行反馈。同时,根据输出结果,项目管理者要对高新技术项目风险预警的指标体系进行调整。

高新技术项目风险预警系统的运行过程具体表现为:首先,项目内外部因素共同作用于被控对象,使得项目风险状态发生变化,具体体现在项目风险因素的波动上;其次,对项目风险因素进行识别和分析,进而确立高新技术项目风险预警指标体系,并构建高新技术项目风险预警模型;再次,利用风险预警模型进行评价和预测,得出系统当前的风险状态,并分析系统实时状态,如果系统处于"良好"状态,则维持现状并进一步监测,同时进入下一循环,否则采取一系列的风险防范、控制措施;最后,在对项目风险采取相应措施进行防范和控制之后可能产生两种结果,如果所选措施正确,则对风险控制成功,将引导项目进入良性循环,反之若所选措施不当,则有可能使项目状况恶化而导致危机产生。但是无论系统处于何种状态,相应结果都会反馈到高新技术项目风险预警信息系统的信息库中,以便调整和优化下一过程中的预警活动。所以,只有在项目风险得不到有效控制,直接导致项目彻底失败时,这一循环过程才会被终止。

第3章　高新技术项目风险的辨识研究

高新技术项目风险的辨识是构建风险预警系统的一项基础性工作,是对高新技术项目所面临的以及潜在的风险源和风险因素加以判断、归类,并鉴定风险性质的过程,也就是要找出风险之所在和引起风险的主要因素,并对其后果做出定性的估计。风险辨识是指从系统的角度出发,将引发风险的复杂因素分解成比较简单、容易被认识的基本单元,从错综复杂的关系中找出因素间的本质联系,在众多的影响中抓住主要矛盾。

从理论上来说,与高新技术项目有关的任何因素都有可能影响项目的绩效,进而导致项目风险的发生。但是,并不是所有因素都会对高新技术项目绩效产生显著影响。因此,风险辨识的关键是识别那些对高新技术项目绩效有显著影响,即可能导致风险后果的关键风险因素。

风险的辨识过程实际上包括两个环节:感知风险环节和分析风险环节。感知风险是指了解高新技术项目客观存在的各种风险。分析风险是指找出引起风险事故的各种因素,为制定有效的高新技术项目风险处理措施提供基础。

对高新技术项目风险的辨识首先是对项目有关的人员、资源及技术性能的构成和分布的全面分析和归类;其次是对人员、资源及技术性能所面临的和潜在的风险,以及发生风险损害的可能性的预测、辨识和判断;最后是对人员、资源及技术性能所面临的风险可能造成的后果与损失形态的归类和分析。必须强调的是,高新技术项目风险辨识不仅仅要预测和辨识高新技术项目所面临的风险,更重要且更困难的是对各种潜在项目风险的预测与辨识。在此基础上,还要鉴定可能发生的风险的性质,只有确定了高新技术项目风险的性质,才能采取有效的处理措施。

高新技术项目风险的辨识是确定项目风险预警指标的重要环节,是一项持续性、制度性的工作。项目风险具有可变性,新技术、新工艺、新的客观条件的出现会改变原有风险的性质或产生新的风险，这就需要项目管理者持续不断地去辨识，随时注意原有风险的变化以及可能出现的新的潜在风险，并形成一种制度。

基于以上考虑，本章在借鉴以往文献研究成果和项目访谈的基础上，运用风险辨识方法，通过实证研究，对可能导致高新技术项目风险后果，即对高新技术项目绩效具有显著负面影响的关键风险因素进行辨识，并在此基础上构建高新技术项目风险预警指标系统。

3.1 风险辨识方法的比较分析

风险辨识方法有很多，每一种方法都有其适用范围和优缺点。在实际中究竟应采用何种方法，要视具体情况而定，通常需要综合运用几种方法，这样才能收到良好的效果。

1. 专家调查法

有些风险及其损失情况在短期内采用数理统计方法加以验证是困难的，况且在实践中有时在风险辨识阶段并不需要进行过多的定量分析，主要是进行定性估计。因此，专家调查法在风险辨识过程中具有特殊的意义。专家调查法主要包括座谈会法和德尔菲法。

（1）座谈会法

专家小组通常由风险分析专家、风险管理专家、相关专业领域的专家以及具有较强逻辑思维能力和综合分析能力的专家组成。座谈会主要讨论项目进展中会遇到哪些风险、这些风险的危害程度怎样、有什么防范措施等问题，最后应总结出有益的建议供决策者考虑。座谈会也可以由项目团队成员来参加。由于项目团队成员在以前的项目中积累了资料、数据、经验和教训，因此项目团队成员个人的常识、经验和判断在风险辨识阶段非常有用。对于那些采用新技术、无先例可循的项目，更是如此。

（2）德尔菲法

德尔菲法（Delphi Method）是由美国著名咨询机构兰德公司于 20 世纪 50 年代初发明的，它是各位参加者之间相互匿名，主持人对参加者的各种反应进行统计处理并带有反馈地反复进行意见测验的一种方法。其基本内容可归纳为以下 5 个方面。

① 在参加者不能见面的情况下，主持人把一些具有特殊形式、内容非常明确、用笔和纸就可以回答的问题以通信的方式寄给有关专家或在某会议上发给参加者。

② 问讯应进行两轮或多轮。

③ 每次反复都带有对每一个问题的统计反馈，统计反馈包括中位值及一些离散度的测量数值，有时还应提供全部回答的概率分布。

④ 可以请参加者更正答案或请其陈述理由，每次反复皆应提供必要的信息反馈。

⑤ 每次反复所获得的信息量越来越小，主持人可决定在某一点上停止反复。

2. 故障树分析法

故障树分析（Fault Tree Analysis）法是 1961 年美国贝尔电报公司的电话实验室对导弹发射系统进行安全分析时提出的。由于这种方法优点很多，所以在后来被广泛应用于工业和其他复杂大型系统中。

在可靠性工程中，利用故障树分析法不但能识别出导致事件发生的风险因素，还能计算出风险事件发生的概率。故障树由节点和连接节点的线组成，节点表示事件，而连线则表示事件之间的关系。故障树分析法是从结果出发，通过演绎推理查找原因的一种方法。在风险辨识中，利用故障树分析法不但能够查明导致事件发生的风险因素，计算出风险事件发生的概率，还能提出各种控制风险因素的方案，既可作定性分析，也可作定量分析。故障树分析法一般用于技术性强、较为复杂的项目，对于使用者的要求也比较高。

3. 核对表法

核对表法是一种把以前经历过的风险事件及其来源详细罗列出来并做成一张核对表，再结合特定项目所面临的环境、条件等特点，辨识出项目潜在损失的方法。

核对表可以包括多种内容，如以前项目成功或失败的原因、项目其他方面计划的结果（范围、成本、质量、进度、采购与合同、人力资源与沟通等计划）、项目所处的环境、项目班子成员的技能、项目可用的资源等。核对表也可以通过研究保险公司的保单等资源中的保险例外得出。

4. 幕景分析法

幕景分析（Scenarios Analysis）法是一种能在分析中帮助辨识关键风险因素及

其影响程度的方法。所谓幕景,是指对一个决策对象(如一个项目)未来某种状态的描述,包括用图表、曲线或数据进行的描述等。对于现代的大型风险决策问题,一般都必须使用计算机来完成复杂的计算和分析任务。应用幕景分析法则是在计算机上实现各种状态变化条件下的模拟分析。幕景分析的结果一般可分为对未来某种状态的描述和对目标问题发展过程的描述两种。

5. 项目结构分解法

项目结构分解法是指在分析项目的组成、各组成部分之间的相互关系、项目同环境之间的关系等的前提下,辨识其存在的不确定性,以及分析这一不确定性是否会对项目造成损失。

项目结构分解法是完成风险辨识的有力工具,其优点是简便易行,不增加工作量。由于在项目管理的其他方面,如投资、进度和质量管理等方面,常常使用项目结构分解法,因此应用项目结构分解法进行风险辨识更具有便捷性。

6. 财务报表分析法

财务报表(Financial Statement)分析法有助于确定一个特定的项目可能遭受的损失,以及遭受损失的具体情况。其具体做法是通过分析资产负债表、损益表等营业报表及其他有关财务资料,将企业当前资产情况与财务预测、项目预算结合起来,识别项目所面临的财务责任及人身损失等风险。财务报表分析法几乎是每个项目都必须用到的方法,尤其在项目前期的投资分析阶段及项目实施阶段,财务报表分析法的作用更加重要。

7. 环境扫描法

环境扫描法是根据对项目所处的内、外部环境的系统分析,推断内、外部环境可能使项目产生的风险的一种辨识方法。

环境扫描法主要分析项目所处的内部环境和外部环境,内、外部环境的相互关系及稳定程度,内、外部环境对项目的影响,环境发生变化时项目面临的潜在风险与损失因素等。

8. 筛选-监测-诊断技术

筛选是依据某种程序将具有潜在危险的影响因素进行分类的风险辨识过程。监测是对于某种险情及其后果进行监测、记录和分析显示的过程。诊断是根据症状或其后果与可能的起因等进行评价和判断,找出可疑的起因并进行检查的过程。

风险辨识的三元素顺序如图 3.1 所示。

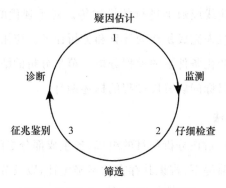

筛选：仔细检查—征兆鉴别—疑因估计
监测：疑因估计—仔细检查—征兆鉴别
诊断：征兆鉴别—疑因估计—仔细检查

图 3.1 风险辨识的三元素顺序

表 3.1 为对上述风险辨识方法的比较分析。

表 3.1 风险辨识方法的比较分析

风险辨识方法	适用范围	适用阶段	定量/定性	优点	缺点
专家调查法	普遍适用，尤其是采用新技术、无先例可循的高新技术项目	可以应用于项目的整个生命周期	定性分析	简单易行，能够较全面地分析风险因素	结果的科学性受到专家水平和人数的限制
故障树分析法	一般用于技术性强、较为复杂并且直接经验较少的高新技术项目	主要应用于项目的实施阶段	定量与定性分析相结合	用演绎推理的方式查找风险原因，有助于解决方案的提出	由于方法本身的复杂性，对使用者的要求较高
核对表法	适用于有类似或相关经验的项目	可应用于项目的整个生命周期	定性分析	简单易操作	受到项目可比性的限制
幕景分析法	适用于具有复杂系统的巨型高新技术项目	主要应用于项目的概念、开发以及实施阶段	定量分析	能够把握风险因素未来的发展情况	依赖大量的数据，而这些数据往往不能全部得到

第3章 高新技术项目风险的辨识研究

续表

风险辨识方法	适用范围	适用阶段	定量/定性	优点	缺点
项目结构分解法	普遍适用	主要应用于项目的开发阶段	定量与定性分析相结合	简便易行,不增加工作量	不能动态地对项目进行风险辨识
财务报表分析法	适用于风险投资项目	主要应用于项目的概念、实施以及结束阶段	以定量分析为主,定性分析为辅	大量的数据使得风险辨识更加准确	结论受到财务报表数据真实性的制约
环境扫描法	普遍适用	主要应用于项目的概念、开发以及实施阶段	定性分析	对环境的变化更加敏感,反应更加迅速	侧重于环境的分析,在一定程度上弱化了项目本身的特点
筛选-监测-诊断技术	普遍适用	主要应用于项目的实施阶段	定性分析	具有过程上的连贯性,能更好地识别潜在风险	对没有先兆的风险辨识力度不足

上述风险辨识方法在高新技术项目生命周期各阶段的应用如图3.2所示。

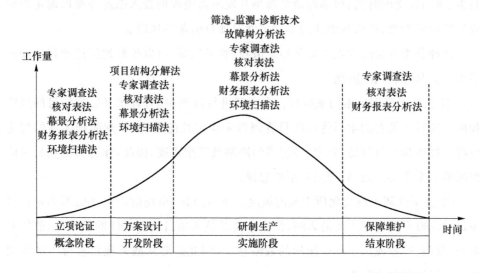

图3.2 风险辨识方法在高新技术项目生命周期各阶段的应用

3.2 现有高新技术项目风险分类的利弊分析

关于高新技术项目风险预警指标体系的建立，国内外出现了诸多观点，并没有形成统一的被广泛承认的分类标准。本节对现有的高新技术项目风险分类的利弊进行了综合的比较与分析，为建立高新技术项目风险预警指标体系奠定了基础。

一般而言，根据风险理论，可以从不同的角度、按照不同的标准对高新技术项目风险进行分类，通过分类进一步认识项目风险及其特征。目前从引发风险的原因、风险特征、风险是否可管理、风险影响范围、风险后果承担者以及风险的可预测性来说，高新技术项目风险的分类方法主要有如下几种。

1. 按引发风险的原因分类

按引发风险的原因可以将高新技术项目风险划分为技术风险和市场风险。

① 技术风险。高新技术项目是以技术创新为主导的项目类型，技术上的不确定性将直接导致项目风险的发生，如技术的成熟性、技术获取的难易程度、技术的复杂程度、技术判断的准确性都将对项目的风险程度产生重要影响。

② 市场风险。市场风险是指对市场前景的预期、市场需求的状况、竞争者的行为、市场接受的时间、市场寿命及市场开发所需资源的投入强度等难以确定而导致失败的可能性，即市场潜在的不确定性对项目引起的风险。

这种分类方法的优点主要是界定清晰，容易判断，可以很好地描述项目风险的后果。但其存在以下问题。

① 忽视了管理因素的重要性。在项目进行过程中，管理水平影响项目的风险程度。项目决策者的素质将给项目管理带来决定性的影响，管理激励体制的优劣也将直接影响项目资源、效率、进度等的协调及匹配程度，因此，作为影响项目风险程度的一个重要方面，管理风险不可忽视。

② 过于强调市场变化所带来的风险。不可否认，市场前景潜在的不确定性对项目的成败有着极其重要的影响，但由于高新技术项目具有高度的战略性，能够对企业、部门、产业或国家产生深远的战略意义，因此需要从战略视角看待市场因素对项目目标的驱动作用。

项目风险管理始于对项目战略重要性以及项目使命、目的、目标的识别，由此形成的战略将是企业风险管理方法的驱动者,因此高新技术项目具有高度的战略性。

2. 按风险特征分类

按风险特征可以将高新技术项目风险划分为环境风险和内部风险,其中内部风险主要指产品风险、技术风险、生产管理风险、流程执行风险和资源能力风险等。对于按风险特征进行划分所得出的风险类别,从高新技术项目所涉及的活动、任务、目标以及环境等方面进行分析,能够较好地描述高新技术项目风险因素的组成。

这种分类方法存在的问题主要在于忽略了人为风险。由于高新技术项目具有智力资本密集、知识密集、技术密集等特征,智力资本作为高新技术知识的载体,在高新技术项目中发挥着不可忽视的作用,因此应着重强调高新技术项目的人为风险,即由人的活动而带来的风险。

3. 按风险是否可管理分类

按风险是否可管理可以将高新技术项目风险划分为可管理的风险和不可管理的风险。可管理的风险是指可以预测并可采取相应措施加以控制的风险,反之则为不可管理的风险。风险是否可管理取决于风险的不确定性是否可以消除以及活动主体的管理水平高低。要消除风险的不确定性,就必须掌握有关的数据、资料和其他信息。随着数据、资料和其他信息的增加以及管理水平的提高,有些不可管理的风险将会转变为可管理的风险。

这种分类方法运用于高新技术项目风险管理显得过于牵强。高新技术项目的独特性和创新性使得可以预测的风险比较有限,如果按风险是否可管理来划分项目风险,则过于笼统,不具有精确性,难以量化。

4. 按风险影响范围分类

按风险影响范围可以将高新技术项目风险划分为局部风险和总体风险。局部风险的影响范围小,而总体风险的影响范围大,局部风险和总体风险是相对的。高新技术项目管理层特别要注意总体风险。例如,在高新技术项目的实施过程中,所有的活动都有延期的风险,但处在关键路线上的活动一旦延迟,就会推迟整个项目的完成日期,形成总体风险。而非关键路线上活动的延误在许多情况下则是局部风险。

这种分类方法在项目管理领域中得到了认同，其在项目生命周期实施阶段的实际应用也确实取得了一些成效。但是如果作为高新技术项目风险预警的指标体系来衡量，这种分类方法存在以下问题。

① 这种分类方法只能定性地评估高新技术项目中的风险，如果想对风险进行量化，则细分程度不够。而且这两种风险因素过于宏观，实践的可操作性不强。

② 在高新技术项目中，局部风险和总体风险往往是相互制约，并在一定条件下可以相互转化的，在判断风险类别的时候容易被混淆，从而造成判断失误。

5. 按风险后果承担者分类

按风险后果承担者的不同可以将高新技术项目风险划分为政府风险、投资方风险、承包商风险、项目业主风险、设计单位风险、监理单位风险、供应商风险、担保方风险以及保险公司风险等。这种分类方法有助于合理分配风险，提高项目对风险的承受能力。

按风险后果承担者划分风险类别主要是针对项目的各利益相关方，只有在项目利益相关方目的明确地辨识项目中的相关风险时，这种分类方法才具有适用性。

6. 按风险的可预测性分类

按风险的可预测性可将高新技术项目风险分为已知风险、可预测风险和不可预测风险。

已知风险就是在认真、严格地分析项目及其计划之后能够明确的那些经常发生的而且其后果可预见的风险。项目管理中已知风险的例子有项目目标不明确、过分乐观的进度计划、设计或实施方案变更、设备或原材料价格波动等。

可预测风险就是根据经验，可以预见其发生但不可预见其后果的风险。这类风险的后果有时可能相当严重，典型的例子有项目无法及时审查批准、分包商不能及时交工、硬件设备出现故障、不可预见的测试条件等。

不可预测风险就是有可能发生但其发生的可能性即使是最有经验的人也不可能预见的风险。不可预测风险有时也称未知风险或未识别风险，是新的、以前未被观察到或很晚才显现出来的风险。这些风险一般是外部因素作用的结果，如自然灾害、突发性公共事件、通货膨胀、政策变化等。

按风险的可预测性划分风险的方式主要存在以下问题。

① 将能否预测风险作为评价项目风险的标准本身就不具备很强的实际操作性，由于风险本身就是指项目中的不确定性，所以对非已知风险的信息需求就显得

较为强烈,而在这种分类中恰恰没有体现出对这类风险的细化。

② 这种分类方法忽视了环境因素对整个高新技术项目风险系统的影响。任何一个项目都不是孤立的、绝缘的,高新技术项目的兴衰成败或多或少地要受到环境因素的影响,甚至在一定情况下,环境因素还会成为高新技术项目发展的重要制约因素。而环境因素对高新技术项目的已知风险、可预测风险和不可预测风险都有着相当程度的影响,在这一点上,这种分类方法没有给予必要的体现。

3.3 构建高新技术项目风险预警指标体系的原则

高新技术项目风险预警指标体系就是对高新技术项目中的风险因素进行识别,并将引起风险的复杂因素分解成比较简单的、容易被认识的基本单元,从错综复杂的关系中找出因素间的本质联系,在众多的影响中抓住主要矛盾的一系列相关联系、能敏感地反映高新技术项目风险状态和风险程度的具体指标构成的有机整体。

在高新技术项目风险预警过程中,风险预警指标体系是进行风险预警管理的基础,风险警源识别和警度评价结果正确与否将会最终决定高新技术项目成功与否。而高新技术项目的风险预警,在使用一定的风险预警方法和模型时,必须建立一定的风险预警指标体系。只有在一整套合理地反映高新技术项目风险的预警指标的基础上,结合一定的模型,才能得出相应的风险预警结果。

基于前文对高新技术项目风险辨识以及现有风险分类的分析,并根据高新技术项目的具体特点,为保证风险辨识的科学性、合理性,同时能够充分、客观地反映高新技术项目的风险水平状况,构建高新技术项目风险预警指标体系应遵循以下原则。

1. 指标体系的系统性、科学性原则

高新技术项目风险预警指标体系应全面完整地反映高新技术项目各个层次、各个方面的风险情况,应充分考虑该项目所面临的各种风险,以保证识别的全面性和可信度。高新技术项目风险预警指标体系既要满足综合评价的全面性和相关性要求,又要避免指标间的重叠。同时,指标的选取与计算必须以公认的科学理论为依据,各项指标的概念要科学、确切,有精确的内涵和外延,指标体系应尽可能全面、合理地反映风险的本质特征。建立高新技术项目风险预警指标体系应尽可能减少评价人员的主观性,增加客观性。

2. 指标体系的层次性、逻辑性原则

只有条理清楚、层次分明、逻辑性强的高新技术项目风险预警指标体系才适合在实践领域中推广应用,同样只有其具备审慎的层次性和逻辑性,才能够为下一阶段的项目风险预警奠定基础,才能清楚地表现高新技术项目在哪方面具有优势,在哪方面薄弱和欠缺,这样不仅有利于项目的管理层及时准确地获知项目内部存在的不足,还有利于不同项目之间的横向比较和取舍。

3. 指标体系的独立性、可比性原则

同一层次的指标之间、不同类型的指标之间应尽可能避免显而易见的包含关系,对隐含的包含关系要在模型中以适当的方法消除,以保持各指标数据的相对独立性。同时,风险预警指标的分类、选择和度量方法要保持协同化,以保证可比性。

4. 指标体系的可操作性原则

可操作性原则要求指标体系的设置不可过于烦琐,遵循指标体系优化原则,同时还要考虑指标体系所涉及的指标量化及数据获取的难易程度和可靠性,尽可能以较少的指标构成一个合理的指标体系,达到指标体系整体功能最优的目的。同时,建立指标体系的目的在于进行系统而准确的风险分析,因此指标既不是越多、越完备越好,也不是越少、越简单越好,而应以实用、有效为原则,以达到正确识别风险的目的。

5. 指标体系的量化性原则

高新技术项目投资面临的风险是一个抽象的概念,在综合评价风险时应该考虑影响项目的定性指标和定量指标。对于定性指标,要明确其含义,并按照某种标准对其赋值,使其能够恰如其分地反映指标的性质。要克服主观评价所带来的不确定性和盲目性,定性指标和定量指标都必须有明确的概念和确切的计算方法,评价要尽量做到以量化研究为主。

6. 指标体系的灵活性原则

即使同样是对高新技术项目的风险状况进行预警,但由于不同项目具有不同的类型和特点,对不同高新技术项目进行预警评估的指标设置也是不一样的,这就对高新技术项目风险预警指标体系设置的灵活性提出了要求,所以高新技术项目风险预警指标体系的结构应具有可修改性和可扩展性,所设立的风险预警指标必须具有广泛的适应性,即能反映不同类别的高新技术项目的风险预警需要。此外,建立的高新技术项目风险预警指标体系必须具有发展性,即可根据具体的项目做出适当的调整,从而灵活应用。

因此,在进行高新技术项目风险预警时,针对高新技术项目的具体特点,需要选取有代表性、可操作性强的风险因素作为风险预警指标。虽然所选择的单个指标仅能够反映项目风险的某一方面,但整个风险预警指标体系必须能够反映高新技术项目风险的全貌。

3.4 高新技术项目风险预警指标分析及假设

高新技术项目要求在一定的费用水平范围内按规定时间交付达到一定技术水平的产品,也就是说,高新技术项目最终应实现费用、进度和技术性能方面的相应指标。高新技术项目因风险而导致失败可总结为以下几个原因(分别发生或并发):产品达不到规定的技术性能水平、实际费用支出过高、不能在预定时间内及时交付等。凡是计划周密的项目,都应预留一些资金和回旋时间,以解决意想不到的问题,满足原定的费用、进度和技术性能指标。当然,原定的费用、进度和技术性能指标也可能存在达不到、不切实际或自相矛盾这样的一些风险,因此有可能无法完全满足项目最终的目标要求。

高新技术项目中的风险通常是以技术性能、费用和进度这3个风险信号表现出来的。绝大多数情况都是这样,但不总是这样。一般来说,一旦某个涉及高新技术领域的项目签订了合同,就必然会有一个规定的技术性能水平需要达到,其主要包括设计准则、保障性因素、性能准则以及其他一些具体要求等。随后的问题就是如何利用资源(时间和资金)真正实现项目目标。对于高新技术项目来说,项目组往往会将满足项目技术性能要求置于首要位置,于是就会集中精力达到技术性能方面的要求而不是费用和进度方面的要求,而费用和进度也有成为决策依据的趋势。因此在这种情况下,进行风险预警管理的目的之一就是在各种因素的相互关系中注入真实性。项目管理者必须努力取得各方面之间的平衡,以实现技术性能、费用和进度这些相互制约的目标。高新技术项目的基本目标如图3.3所示。

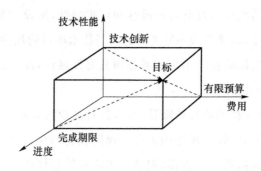

图 3.3 高新技术项目的基本目标

建立高新技术项目风险预警指标体系要考虑的因素很多且其不确定性强,有些因素很难定量描述,如信息来源的可靠性问题、风险识别的成本问题、调查结果的偏差问题等,使得这一问题解决起来具有一定的难度。所以,本书所建立的高新技术项目风险预警指标体系是根据 3.3 节得出的构建高新技术项目风险预警指标体系的原则,结合我国高新技术项目的具体实际,应用风险辨识中的德尔菲法对若干专家进行咨询,通过调查、分解、讨论等提出所有可能存在的风险因素,剔除那些影响微弱、作用不大的因素,然后研究主要因素间的关系,汇总调查意见,对专家意见进行归纳整理,得出综合意见,再次征求专家意见,经过多次反复形成的一致或接近一致的群体专家意见。

本书在参考大量文献研究成果的基础上,借鉴不同学者对项目风险属性的认识,从系统性的角度,结合高新技术项目自身的特点,通过专家访谈和项目实地调研,提出了高新技术项目潜在风险因素的初步假设。

首先,检索查阅关于高新技术项目、技术创新、项目风险影响因素、高新技术项目绩效评价等方面的研究文献,将相关文献已论证的高新技术项目风险的影响因素与机理,以及项目绩效评价指标等进行归纳,吸收了与本书有关的相关思想,形成了初步的辨识高新技术项目潜在风险因素的整体研究思路。

其次,选取具有代表性的高新技术项目进行深度考察和调研。访谈对象是相关项目的具体负责人及项目经理,通过访谈,了解高新技术项目的基本情况以及在风险管理过程中所遇到的主要问题。通过实地调研,主要达到以下目的:一是验证初步设定的高新技术项目风险预警指标体系的研究思路,就初始假设征询被访谈者的意见,以检验研究思路是否与现实相符合;二是征询被访谈者对本研究重要问题的意见,包括研究模型的表面有效性以及各变量的测度,以充实完善调查问卷。

通过深度调研,逐步形成初始调查问卷。

再次,征求相关专家的意见。以访谈及问卷的形式征询行业专家和研究学者对本书所初步设定的高新技术项目潜在风险因素的意见,并根据专家的建议对指标体系进行修订。

最后,对修改后的高新技术项目的潜在风险因素进行预测试,以验证指标设置的合理性。预测试主要选取了北京、沈阳、大连 3 个地区的 12 个高新技术项目,其调查对象为项目经理以及高层技术管理者。根据调查对象的反馈和建议,对高新技术项目的潜在风险因素指标体系的设定进行了修改。

在上述工作的基础上,本书从技术风险、市场风险、经济风险、管理风险和环境风险等 5 个方面对高新技术项目的风险因素进行辨识,并最终确定了高新技术项目的潜在风险因素。

1. 技术风险

技术风险是指在高新技术项目开发过程中技术能否顺利地转化为生产力,以及由科学技术的发展带来的风险。由技术引起的风险往往能够导致项目被迫中断,如核泄漏之后产生了核反应堆应用项目的核辐射问题。

(1) 技术可行性论证的充分性

技术可行性论证的充分与否直接影响高新技术项目所面临的技术风险的程度,这种风险轻则造成项目久拖不完、费用膨胀,重则导致项目半途下马、前功尽弃,带来难以估量的巨大损失。本书建立如下假设:

H1:技术可行性论证不充分将会导致高新技术项目达不到预期效果和目标。

(2) 设计方案的科学性

高新技术项目的整体设计以及技术设计对项目的成败起到至关重要的作用。设计方案的科学性将在技术层面对整个项目的研发过程产生结构性的影响,独特的软硬件要求和不能令人满意的设计结果可能会使计划产生变化。设计方案的科学性越高,风险往往就越低;设计方案的科学性越低,风险往往就越高。本书建立如下假设:

H2:设计方案不科学将会导致高新技术项目达不到预期效果和目标。

(3) 技术成果的成熟度

技术成果的成熟度象征着技术的可靠性与稳定性,成熟的技术成果对于提高高新技术项目的总体效率,降低项目成本,提升项目技术水平和相关性具有积极的促进作用。本书建立如下假设：

H3：技术成果的低成熟度将会导致高新技术项目达不到预期效果和目标。

（4）技术难度

技术难度包括技术掌握难度、技术实施难度、技术获取难度、技术转移的不确定性等。技术掌握的难度以及实施的难度对高新技术项目的可操作性起到制约的作用，同时，技术获取的难度以及技术转移的不确定性也将直接导致项目风险。技术难度越大，风险往往越高；技术难度越小，风险往往越低。本书建立如下假设：

H4：技术难度过大将会导致高新技术项目达不到预期效果和目标。

（5）技术生命周期的不确定性

高新技术的生命周期相对于一般技术而言更加短暂，是否能够在有限的技术生命周期内保持先进性和竞争性，是高新技术项目的重要潜在风险因素。本书建立如下假设：

H5：技术生命周期的不确定性过大将会导致高新技术项目达不到预期效果和目标。

（6）技术的适用度

技术的适用度表现了技术与项目中人力、物力、信息等相关资源的配合程度，以及与项目过程中有关效率和质量要求的匹配程度。本书建立如下假设：

H6：技术的适用度低将会导致高新技术项目达不到预期效果和目标。

（7）设施及原材料的可靠性

设施风险是指采用新技术导致研发、加工、组装、集成、试验、测试等采用的设施达不到最终要求，从而形成的风险。原材料风险是指由原料、试剂等的质量问题造成的风险。本书建立如下假设：

H7：设施及原材料不可靠将会导致高新技术项目达不到预期效果和目标。

（8）技术的系统效率

在同一个高新技术项目中，多种技术的并用往往体现出技术的系统性和协同性。对于整个系统而言，如果技术的系统效率低下，就可能使项目偏离其理想状况。本书建立如下假设：

H8：技术的系统效率低下将会导致高新技术项目达不到预期效果和目标。

（9）技术的标准化程度

技术的标准化是指特定应用的技术具备与传统技术连接的良好界面。标准化的先进技术容易与传统技术融合,可以方便地实施二者的过渡,同时使新技术直接替代传统技术成为可能。标准化程度越高,技术实施的风险越小,技术实施的成功率越高。技术的标准化程度是影响技术风险程度的一个重要方面。本书建立如下假设:

H9:技术无法标准化将会导致高新技术项目达不到预期效果和目标。

2. 市场风险

市场风险是指供求形势或价格的变化引起市场竞争范围、竞争程度、竞争方式以及市场性质、市场结构、市场发育等变化而导致的高新技术项目技术性能、费用或进度等方面的风险,即市场潜在的不确定性引起的风险。

(1)市场需求前景的不确定性

市场需求前景的变化,如市场规模过小、消费者需求变动过大及项目所处产业的成长性和发展前景的状况,都将导致项目风险。本书建立如下假设:

H10:市场需求前景的不确定性过大将会导致高新技术项目达不到预期效果和目标。

(2)项目开发结果的扩散速度

高新技术项目开发结果的扩散速度从侧面反映了市场对项目开发结果的接纳能力,包括市场对项目的偏好程度和接受速度。本书建立如下假设:

H11:项目开发结果的扩散速度过慢将会导致高新技术项目达不到预期效果和目标。

(3)市场的竞争状况

市场的竞争状况是指市场竞争的性质及程度。竞争对手实力的强弱、市场竞争状态是否正当等都将对项目的风险性质和风险程度有十分重要的影响。本书建立如下假设:

H12:市场的激烈竞争将会导致高新技术项目达不到预期效果和目标。

(4)市场信息的掌握程度

及时且有效的信息往往能够使高新技术项目事半功倍,而迟滞或无效的信息将会使高新技术项目错失最佳的市场发展时机,因此灵活、主动地掌握市场信息将有利于降低项目风险程度,反之将提高项目风险程度。本书建立如下假设:

H13:无法完全掌握有效的市场信息将会导致高新技术项目达不到预期效果和目标。

（5）客户需求的认知程度

对客户需求的认知程度对高新技术项目的成败有显著的影响。在项目初始阶段，客户的需求往往是模糊的，较难用清晰的技术术语来表达；在项目不断深入的过程中，客户的需求是不断变化的。对新的客户需求不熟悉，将无法应对变化的客户需求，因此对客户需求的认知程度将决定项目的风险状态。本书建立如下假设：

H14：无法正确认知客户的有效需求将会导致高新技术项目达不到预期效果和目标。

（6）进入市场时机的选择

进入市场时机的选择不当会带来相应的市场风险。进入市场早，产品可能不被大家所认同，进入市场晚，产品又可能面临淘汰，而在市场上升期进入，产品又要面临巨大的竞争压力，进入市场时机的选择影响着市场风险的程度。本书建立如下假设：

H15：没有正确选择进入市场时机将会导致高新技术项目达不到预期效果和目标。

（7）客户关系维护能力

项目成败与客户关系营销技能以及资源间的协同性有着明显的相关关系。同时，由于高新技术项目具有显著的独特性、唯一性及定制性，客户的需求能够高度地渗透至高新技术项目的开发过程，相比于一般项目而言，客户同项目的关系更为直接和密切。因此，客户关系维护能力的高低对于项目成败至关重要。本书建立如下假设：

H16：低水平的客户关系维护能力将会导致高新技术项目达不到预期效果和目标。

3. 经济风险

经济风险是指供求关系发生变化，项目资金不能及时供给，从而导致项目发生损失甚至失败的可能性。

（1）资金成本的不确定性

物价水平的变化、银行利率的调整、筹资方式的改变都会对项目的资金成本产生重大影响，直接影响项目资金的流入和流出，并作用于项目的财务效益和经济效益。本书建立如下假设：

H17：资金成本过高将会导致高新技术项目达不到预期效果和目标。

(2) 资金需求的不确定性

高新技术项目作为由一系列创新活动组成的复杂系统，缺乏有关的参照系，从而导致资金需求估计困难，同时工艺的复杂性、工期的不确定性、项目中重大事项的变更都将使项目计划中的资金需求发生改变，使预算与支出的差距增大，导致资金需求的不确定性增强，从而成为影响项目经济风险的一个重要方面。本书建立如下假设：

H18：资金需求的不确定性过大将会导致高新技术项目达不到预期效果和目标。

(3) 融资能力与条件的不确定性

融资能力与条件的不确定性是指与项目融资有关的风险。高新技术项目的重要特点之一就是对资金的需求巨大，同时由于我国的风险投资机制还有待健全，在资金总体紧张的情况下，融资能力与条件的不确定性是影响高新技术项目经济风险的一个方面。本书建立如下假设：

H19：无法进行有效的融资将会导致高新技术项目达不到预期效果和目标。

(4) 经营效益与盈利能力的不确定性

经营效益、盈利能力的高低都将直接决定项目的偿债能力和项目的经济收益。本书建立如下假设：

H20：较低的经营效益与盈利能力将会导致高新技术项目达不到预期效果和目标。

(5) 资金保障和追加投资能力的不确定性

资金保障和追加投资能力的不确定性是指项目需要增加投资时或者项目预算不能满足要求时的资金风险。本书建立如下假设：

H21：无法确保资金到位及后续资金追加将会导致高新技术项目达不到预期效果和目标。

(6) 资金使用效果的不确定性

资金使用效果的不确定性是与资金在项目生命周期中的分配、使用上的不确定性有关的风险。本书建立如下假设：

H22：资金使用效果不佳将会导致高新技术项目达不到预期效果和目标。

4. 管理风险

管理风险是指在高新技术项目的经营和管理过程中，由项目管理不善、项目有关各方协调性较差以及其他不确定性引起的直接影响项目成功的风险。

(1) 人力资源结构与项目要求的匹配程度

人力资源结构与项目要求的匹配程度是指项目组成员的综合素质、业务水平、文化层次、年龄构成等方面的状况与项目要求的匹配程度。组织结构与项目要求是否匹配,组织机制是否合理,人员配置和职责分配是否得当,都将对项目产生很大影响。另外,人力资源结构与项目要求不匹配会导致项目发起组织内部的不同部门对项目的理解、态度和行动不一致,进而产生风险。本书建立如下假设:

H23:人力资源结构与项目要求不匹配将会导致高新技术项目达不到预期效果和目标。

(2) 项目经理的能力

项目经理的能力是指项目经理的综合素质、业务水平、管理能力、领导才能、人格魅力、影响力等方面的状况,它会对项目产生重大影响。本书建立如下假设:

H24:项目经理能力不足将会导致高新技术项目达不到预期效果和目标。

(3) 核心成员外流的可能性

项目管理人员和核心技术人员的流失不但会使项目进程中断,还可能会导致项目机密泄露。本书建立如下假设:

H25:核心成员的外流将会导致高新技术项目达不到预期效果和目标。

(4) 项目团队成员团结与协调状况

项目团队的内部核心凝聚力非常重要,项目团队成员默契团结与否是决定项目成败的关键因素之一。本书建立如下假设:

H26:项目团队成员团结与协调状况较差将会导致高新技术项目达不到预期效果和目标。

(5) 知识产权保护能力

高新技术项目以智力资本为载体,具有知识密集和技术密集的特点,其最为关键的核心竞争力就是知识产权归属和使用的唯一性,知识产权保护能力的高低将直接影响高新技术项目实施的成败。本书建立如下假设:

H27:知识产权保护能力不足将会导致高新技术项目达不到预期效果和目标。

(6) 沟通效果

高新技术项目内部各职能部门之间及其与客户、政府等其他外部组织之间的沟通效果和高新技术项目的成败有着密切的联系。本书建立如下假设:

H28:项目过程中沟通效果不佳将会导致高新技术项目达不到预期效果和目标。

(7) 激励机制

高新技术项目的组织特征属于典型的知识密集型,为了使项目中的知识资源组合最优化,激励机制将充分调动每个成员的积极性,提高项目的综合承受力,从而确保项目的顺利完成。高新技术项目的组织管理和人员激励机制是否合理将影响项目资源、效率、进度等相关目标的实现。所以,完善的激励机制在高新技术项目中起着不可忽视的重要作用。本书建立如下假设:

H29:激励机制不完善将会导致高新技术项目达不到预期效果和目标。

(8) 组织学习能力

高新技术项目所需的知识是包含在个人和组织内部的隐性知识。部门内部以及部门之间的组织学习能力较差、项目之间学习过程的转换成本过高或效率过低等都是风险出现的警兆。本书建立如下假设:

H30:组织学习能力不足将会导致高新技术项目达不到预期效果和目标。

(9) 合同风险

签订合同时出现的各种遗漏、表达有误、合同类型选择不当、承包类型选择失误等情况都会给项目管理带来严重的风险。本书建立如下假设:

H31:合同管理过程中存在的不确定因素将会导致高新技术项目达不到预期效果和目标。

(10) 定期评审和控制能力

在高新技术项目管理中,项目各利益相关方的利益不一致,往往需要运用定期评审和控制的方法来掌控项目实施情况并使各方及时达成共识。因此,定期、定量、定性地对项目进行评审和控制,使项目各利益相关方达成一致的利益目标,是项目成功的一个重要因素。本书建立如下假设:

H32:定期评审和控制能力不足将会导致高新技术项目达不到预期效果和目标。

5. 环境风险

环境风险是指外部环境因素的变动给项目带来的风险。

(1) 政策的多变性

国家的政策、法规、法律的变化,行业发展规划的调整和产业导向的改变,政策倾向的转变,对高新技术项目发展领域的限制等都会对项目的运作条件产生制约作用。本书建立如下假设:

H33:政策的频繁变化将会导致高新技术项目达不到预期效果和目标。

(2) 宏观经济的波动性

国家宏观经济的波动,如通货膨胀、外汇利率的波动、金融危机等因素都将会对项目产生重大的影响。本书建立如下假设：

H34：宏观经济的剧烈波动将会导致高新技术项目达不到预期效果和目标。

（3）自然风险

自然风险主要由外界环境中的不可抗力产生，包括恶劣的天气或者其他自然灾害。本书建立如下假设：

H35：自然风险过多将会导致高新技术项目达不到预期效果和目标。

图 3.4 汇总了高新技术项目的潜在风险因素。

高新技术项目风险预警指标体系	技术风险	技术可行性论证的充分性
		设计方案的科学性
		技术成果的成熟度
		技术难度
		技术生命周期的不确定性
		技术的适用度
		设施及原材料的可靠性
		技术的系统效率
		技术的标准化程度
	市场风险	市场需求前景的不确定性
		项目开发结果的扩散速度
		市场的竞争状况
		市场信息的掌握程度
		客户需求的认知程度
		进入市场时机的选择
		客户关系维护能力
	经济风险	资金成本的不确定性
		资金需求的不确定性
		融资能力与条件的不确定性
		经营效益与盈利能力的不确定性
		资金保障和追加投资能力的不确定性
		资金使用效果的不确定性
	管理风险	人力资源结构与项目要求的匹配程度
		项目经理的能力
		核心成员外流的可能性
		项目团队成员团结与协调状况
		知识产权保护能力
		沟通效果
		激励机制
		组织学习能力
		合同风险
		定期评审和控制能力
	环境风险	政策的多变性
		宏观经济的波动性
		自然风险

图 3.4　高新技术项目的潜在风险因素

3.5 基于粗糙集理论的高新技术项目风险预警指标优化

目前在风险预警指标的优化方面普遍采用的方法有主成分分析法、因子分析法和关联度分析法等,但这些方法在对风险预警指标进行评价和筛选方面都存在一些不足。主成分分析法对样本数量要求较为苛刻,尤其当指标个数较多时,样本数量必须远远大于指标个数,因此该方法需要在海量样本情况下才能够取得实际效果;因子分析法同样对样本数量要求非常严格,并且该方法容易忽略指标本身的重要性差异,导致有效信息的丢失;关联度分析法在根据灰色系统理论进行关联度计算时,必须选择一个参考序列,参考序列的选择对计算结果有很大影响,而在实际工作中,对指标的选择往往具有很强的主观性,从而直接影响了评价结果的可信度。

因此,在本书的研究过程中,作者引入了粗糙集理论对高新技术项目风险预警指标体系中的冗余指标和次要指标进行筛选,优化整个指标体系,并通过实证研究,辨识对高新技术项目绩效有显著负面影响的关键风险因素。

粗糙集(Rough Set,RS)理论是由波兰数学家 Z. Pawlak 首先提出的一种分析数据的数学理论。粗糙集理论能够通过对数据的深入分析,实现对数据库中知识的发现,挖掘出其中隐藏的、潜在有用的知识模式,帮助人们获得一个有效的评价结果。

粗糙集理论作为一种处理不精确、不确定和不完整数据的新的数学理论,与用统计方法处理不确定问题以及用传统的模糊集合论处理不精确数据的方法都有所不同。粗糙集理论是基于一组关于现实的大量数据信息,以对观察和测量所得的数据进行分类的能力为基础,从这些数据中发现推理知识和分辨系统的某些特点、过程、对象等的理论方法。粗糙集理论不仅为信息科学和认知科学提供了新的科学理论和研究方法,也为信息处理提供了有效的处理技术。粗糙集理论是建立在分类机制的基础上的,它将分类理解成在特定空间上的等价关系,而等价关系构成了对该空间的划分。粗糙集理论的关键思想是利用已知的知识库,将不确定的或不精确的知识用已知的知识库中的知识来近似地刻画。该理论的特点是它不需要提供除问题所需处理的数据集合之外的任何先验信息,所以对问题的不确定性的描述及处理相对客观。

3.5.1 粗糙集理论的原理

1. 知识与知识库

在粗糙集理论中,"知识"被看作一种分类的能力,用集合的概念表示为:设 U 为非空有限论域,任何子集 $X \subseteq U$ 都称为 U 中的一个概念或范畴。U 中的任何概念族都称为关于 U 的抽象知识,简称知识,粗糙集理论主要考虑能形成划分的那些知识。

定义 3.1 $U \neq \emptyset$ 是对象组成的有限集合,$U = \{X_1, X_2, \cdots, X_n\}$ 称为论域;R 是 U 上的二元等价关系;U/R 表示 U 上通过 R 形成的所有分类的集合(也称等价类集合)。则称 U 中包含的任何子集为概念或者知识;$K = (U, R)$ 为知识库。

定义 3.2 若 $P \subseteq R$,且 $P \neq \emptyset$,则 $\bigcap P$(P 中所有等价关系的交集)也是一个等价关系,称为 P 上的不可区分(indiscernibility)关系,记为 $\text{ind}(P)$,且有

$$[x]_{\text{ind}(P)} = \bigcap_{R \in P} [x]_R$$

$U/\text{ind}(P)$ 表示与等价关系族 P 相关的知识,称为 K 中关于 U 的 P 基本知识。

2. 粗糙集

令 $X \subseteq U$,R 为 U 上的一个等价类。当 X 能表达成某些 R 基本范畴的并时,称 X 是 R 可定义的,否则称 X 是 R 不可定义的。R 可定义集是论域的子集,它可在知识库中精确地定义,而 R 不可定义集不能在这个知识库中定义。R 可定义集也称为 R 精确集,R 不可定义集也称为 R 非精确集或 R 粗糙集。

对于一个信息系统 $A = (U, R)$,X 是论域 U 的任意一子集。X 不一定能用知识库中的知识来精确描述,这时就用上、下近似的概念来"近似"地描述。

定义 3.3 给定知识库 $K = (U, R)$,其中 U 是非空有限论域,对于每个子集 $X \subseteq U$ 和一个等价关系 $R \in \text{ind}(K)$,则

$$\underline{R}(X) = \bigcup \{Y \in U/R | Y \subseteq X\}$$
$$\overline{R}(X) = \bigcup \{Y \in U/R | Y \cap X \neq \emptyset\}$$

分别称为 X 的 R 下近似集和 R 上近似集。

相应地,集合 $\text{bn}_R(X) = \overline{R}(X) - \underline{R}(X)$ 称为 X 的 R 边界域,$\text{pos}_R(X) = \underline{R}(X)$ 称为 X 的 R 正域,$\text{neg}_R(X) = U - \overline{R}(X)$ 称为 X 的 R 负域。显然,$\overline{R}(X) = \text{pos}_R(X) \cup \text{bn}_R(X)$。

定理 3.1 给定知识库 $K = (U, R)$,其中 U 是非空有限论域,R 为 U 上的一

个等价关系,对于集合 $X \subseteq U$:当且仅当 $\overline{R}(X) = \underline{R}(X)$ 时,称 X 为关于 R 的精确集;当且仅当 $\overline{R}(X) \neq \underline{R}(X)$ 时,称 X 为关于 R 的粗糙集。

集合的不确定性是由边界域的存在引起的,其边界域越大,其精确度越低。为了更准确地表达这一点,可以引入精确度的概念。由等价关系 R 定义的集合 X 的近似精确度为

$$\alpha_R(X) = \frac{|\underline{R}(X)|}{|\overline{R}(X)|}$$

其中,$X \neq \emptyset$,$|X|$ 表示集合 X 的基数。显然,对每一个 R 和 $X \subseteq U$ 有 $0 \leq \alpha_R(X) \leq 1$。当 $\alpha_R(X) = 1$ 时,X 的 R 边界域为空集,集合 X 为 R 可定义的;当 $\alpha_R(X) < 1$ 时,集合 X 有非空的边界域,集合 X 为 R 不可定义的。由精确度可引出集合的粗糙度:

$$\rho_R(X) = 1 - \alpha_R(X)$$

粗糙度与精确度恰恰相反,它表示的是集合 X 的知识的不完全程度。

3. 知识表达系统

粗糙集理论用一个四元组 $S = (U, A, V, f)$ 来表达知识系统,这个四元组也称为信息系统。其中:

- $U = \{u_1, u_2, \cdots, u_{|U|}\}$ 是有限非空集合即论域;
- $A = \{a_1, a_2, \cdots, a_{|A|}\}$ 为属性的非空有限集合;
- $V = \bigcup_{a \in A} V_a$,$V_a$ 为属性 a 的值域;
- $f: U \times A \to V$ 是一个信息函数,它为每个对象的每个属性赋予了一个信息值,即 $\forall a \in A, x \in U, f(x, a) \in V_a$。

知识表达系统也称为信息系统,通常用 $S = (U, A)$ 来代替 $S = (U, A, V, f)$。

信息表是一类特殊而重要的知识表达系统,一个信息系统可以用信息表来表示,信息表如表 3.2 所示。

表 3.2 信息表

U(对象)	A(属性)			
	a_1	a_2	$\cdots$	$a_{|A|}$
u_1	a_{11}	a_{12}	$\cdots$	$a_{1|A|}$
u_2	a_{21}	a_{22}	$\cdots$	$a_{2|A|}$
$\vdots$	$\vdots$	$\vdots$	$\vdots$	$\vdots$
$u_{|U|}$	$a_{|U|1}$	$a_{|U|2}$	$\cdots$	$a_{|U||A|}$

如果 $A=C\cup D$，$C\cap D\neq\varnothing$，则称信息系统 (U,A) 为一个信息表，其中，C 中的属性称为条件属性，D 中的属性称为决策属性。

4. 属性的约简

在信息系统中属性并不是同等重要的，甚至其中某些属性是冗余的。所谓知识约简，就是在保证信息系统分类能力不变的条件下，删除其中不相关或不重要的属性。

令 R 为一族等价关系，$P\in R$，如果 $ind(R)=ind(R-\{P\})$，则称 P 为 R 中不必要的；反之称 P 为 R 中必要的。如果每个 $P\in R$ 都是 R 中必要的，则称 R 是独立的；否则称 R 为依赖的。设 $P\subseteq R$，如果 P 是独立的，且 $ind(P)=ind(R)$，则称 P 为 R 的一个约简。

当 R 有多个约简时，R 中所有必要关系组成的集合称为 R 的核，记为 $core(R)$。

定理 3.2 $core(R)=\bigcap red(R)$，其中 $red(R)$ 表示 R 的所有约简。

在应用中，一个分类对另一个分类的关系十分重要，尤其是在信息表中，为此引入相对约简和相对核的概念。

令 P 和 Q 为 U 中的等价关系，Q 的 P 正域记为 $pos_P(Q)$，即

$$pos_P(Q) = \bigcup_{X\in U/Q} P(X)$$

Q 的 P 正域是 U 中所有根据分类 U/P 的信息可以准确地划分到关系 Q 的等价类中的对象集合。

令 P 和 Q 为等价关系族，$R\in P$，如果 $pos_{ind(P)}(ind(Q))=pos_{ind(P-\{R\})}(ind(Q))$，则称 R 为 P 中 Q 不必要的；否则 R 为 P 中 Q 必要的。如果 P 中的每个 R 都为 Q 必要的，则称 P 为 Q 独立的。

设 $S\in P$，S 为 P 的 Q 约简当且仅当 S 是 P 的 Q 独立子族且 $pos_{ind(S)}(ind(Q))=pos_{ind(P)}(ind(Q))$，$P$ 的 Q 约简称为相对约简。P 中所有的 Q 必要的原始关系构成的集合称为 P 的 Q 核，记为 $core_Q(P)$。

相对核与相对约简的关系见于下述定理。

定理 3.3 $core_Q(P)=\bigcap red_Q(P)$，其中 $red_Q(P)$ 是所有 P 的 Q 约简构成的集合。

3.5.2 粗糙集理论的特点

粗糙集理论是一种刻画不完整性和不确定性的数学工具，它认为人对研究对

象的认识是基于知识系统的。如果知识系统完善,则认识更深刻;反之,则认识比较粗糙。在粗糙集理论中,知识是人们对研究对象的一种分类,根据分类原则,研究对象被分为若干等价类——"微粒"。关于研究对象的任何概念都可以用这些"微粒"的集合来描述,这些描述有的是准确的,有的是不准确的,即粗糙的。造成粗糙的原因可理解为信息不足或知识不够。基于这样的观点,粗糙集理论是研究不精确、不一致、不完整等各种不完备的知识和信息的表达、学习、归纳的理论。它不需要先验知识,仅利用数据本身提供的信息,在保留关键信息的前提下对数据进行约简并求得知识的最小表达;能识别并评估数据之间的依赖关系,从而揭示出概念的简单模式;能从经验数据中获取易于证实的规则知识。

粗糙集理论最主要的特点在于无须提供对知识或数据的主观评价,仅根据观测数据就能实现删除冗余信息,比较不完备知识的程度——粗糙度,从而达到界定属性间的依赖性和重要性的目的。粗糙集理论能有效地处理不确定或不精确知识的表达,能进行经验学习并从经验中获取知识,对不一致信息进行分析,根据不确定、不完整的知识进行推理,在保留信息的前提下进行数据简化,对近似模式进行分类,识别并评价数据之间的依赖关系等。

具体来说,粗糙集理论在解决高新技术项目风险预警指标优化和筛选问题上,具有以下特点。

首先,粗糙集理论在解决问题时,不需要先验知识。模糊集和概率统计方法是处理不确定信息的常用方法,但这些方法需要一些数据的附加信息或先验知识,如模糊隶属函数和概率分布等,这些信息或知识在进行高新技术项目风险分析时并不容易得到,甚至无法得到,而粗糙集理论分析仅利用数据本身提供的信息,无须任何先验知识,这为解决高新技术项目风险预警指标优化问题提供了可行性前提。

其次,粗糙集理论是一个强大的数据分析工具。它能表达和处理不完备的信息,以不可分辨关系为基础,侧重分类;能在保留关键信息的前提下对数据进行约简并求得知识的最小表达;能识别并评估数据之间的依赖关系,从而揭示出概念的简单模式。基于粗糙集理论的高新技术项目风险预警指标优化体系能够通过分析风险预警指标数据本身的特征来描述风险预警指标的性质,揭示高新技术项目风险因素之间的逻辑结构以及相互依赖关系,并从经验数据中获取易于证实的相关规则知识。

本书通过引入粗糙集理论,利用其属性重要度的概念对高新技术项目风险预警指标的权重进行合理确定,从而对该权重进行聚类分析与修订,使得高新技术项目风险预警指标的筛选更为科学合理,解决了高新技术项目风险预警指标的优化问题。

3.5.3 基于粗糙集理论的高新技术项目风险预警指标优化模型

本书根据高新技术项目的特点,构建了一个基于粗糙集理论的高新技术项目风险预警指标优化模型,对上文中初步假设的高新技术项目风险预警指标进行定权分析。同时,根据聚类分析原理,本书提出了一种简化的方法对各风险预警指标进行筛选,改变了通常对指标评价进行简单剔除的方式,并在此基础上结合高新技术项目风险预警领域的实际情况,确定了筛选指标的具体标准,解决了风险预警指标的选择与淘汰问题。

1. 构建高新技术项目风险预警指标信息系统

在粗糙集中,使用信息表来描述论域中的数据集合。将高新技术项目风险预警指标体系作为信息系统中的属性集,将实证中的样本集作为论域,构建信息系统,并形成信息表。其中:行代表要研究的对象,即高新技术项目样本;列代表风险预警指标的属性,风险预警指标的信息是通过指定指标的各属性值来表达的。在高新技术项目风险预警指标信息系统中,每个属性对应一个等价关系,也就是一个信息表可以看作定义的一族等价关系,即知识库。

在信息表中,由于不同的属性可能具有不同的重要程度,所以为了分析某些属性(或属性集)的重要程度,可以从信息表中去掉一些属性,再来考察没有该属性分类会怎样变化。如果去掉该属性后相应分类变化较大,则说明该属性的强度大,即重要程度较高;反之,说明该属性的强度小,即重要程度较低。分类变化与否及变化程度可以用信息量来表述。

构建 $S=(U,A,V,f)$ 为高新技术项目风险预警指标信息系统,对于等价关系 $P \subseteq R$ 有分类

$$U/\mathrm{ind}(P)=\{X_1, X_2, \cdots, X_n\}$$

则 P 的信息量记为

$$I(P) = \sum_{i=1}^{n} \frac{|X_i|}{|U|}\left[1 - \frac{|X_i|}{|U|}\right] = 1 - \frac{1}{|U|^2}\sum_{i=1}^{n}|X_i|^2 \tag{3.1}$$

其中,$|X|$表示集合X的基数,$|X_i|/|U|$表示等价类X_i在U中的概率。

2. 确定高新技术项目风险预警指标的重要程度

应用等价关系信息量的概念,可以分析出在高新技术项目风险预警指标信息系统中某个属性的重要程度。在高新技术项目风险预警指标信息系统$S=(U,A,V,f)$中,属性$a_i \in A$在高新技术项目风险预警指标属性集A中的重要程度和属性的信息量的关系可以确定为

$$\mathrm{Sig}_{A-\{a_i\}}(a_i) = I(A) - I(A - \{a_i\}) \tag{3.2}$$

利用风险预警指标属性重要程度公式(3.2),可以通过去掉某风险预警指标来考察剔除该指标后信息量的变化情况,进而判断该指标在高新技术项目风险预警指标信息系统中的重要程度。若剔除该指标后,信息量的变化较大,则说明该指标的重要程度较高。

3. 确定高新技术项目风险预警指标的权重

通过确定高新技术项目风险预警指标体系中各个指标的重要程度,根据公式

$$W_i = \frac{\mathrm{Sig}_{A-\{a_i\}}(a_i)}{\sum_{i=1}^{n}\mathrm{Sig}_{A-\{a_i\}}(a_i)} \tag{3.3}$$

确定各风险预警指标的权重。

4. 筛选高新技术项目风险预警指标

在对高新技术项目风险预警指标进行筛选时,本书没有采用聚类分析经常用的、计算相当复杂的集聚方法(如直接聚类法、间接聚类法等),而是提出了一种简化的方法,它与现有的方法具有相同的精度,但计算简单,原理直观,更适合在实践领域内应用:

$$D_i = \frac{W_{\max} - W_i}{W_{\max}} \times 100\% \tag{3.4}$$

其中:W_i表示第i个指标的权重;$W_{\max}$表示n个指标中权重最大的指标(也就是最为重要的指标)对应的权重;$W_{\max} - W_i$表示第i个指标与最重要指标的权重之间的偏离程度,W_i越小,则此指标权重与最重要指标权重的距离越"远",偏离程度越大;D_i表示第i个指标的权重系数与最大权重系数的偏离程度。

用偏离程度的量化指标来衡量各个指标的权重,通过公式(3.4)确定偏离程度。也就是说,当 D_i 大于某一阈值时,这个指标就应该被剔除。

通常来说,聚类分析所要解决的问题是把多个元素按照相似原则划分为若干子集合,目的在于分类而不是淘汰某个指标。本书的聚类分析则侧重于找出具有较高离散性和较低重要程度的非核心指标。

3.6 基于粗糙集理论的高新技术项目风险预警指标优化实证研究

本书通过对121个高新技术项目进行实证研究,对初步设定的潜在风险因素进行筛选和优化,最终形成了高新技术项目风险预警指标体系。

3.6.1 样本数据分析

本书定量研究所需要的数据是通过以访谈和问卷调查为主的方式进行统计调查得到的,用于对高新技术项目的风险因素变量和风险后果进行测量。本书通过参考大量文献研究成果、多轮深度访谈、大量案例研究以及小样本问卷测试确定问卷内容,采用李克特量表(Likert-type Scale)中最常用且最可靠的5级量表,1~5代表风险程度从最低到最高。

本研究的调查对象为北京高新技术产业园区、大连高新技术产业园区和沈阳高新技术产业园区的86家高新技术企业及科研机构中的150个高新技术项目,共发放调查问卷150份,收回调查问卷136份,其中不符合要求的问卷共计15份,有效问卷共计121份。样本数据收集过程如图3.5所示。

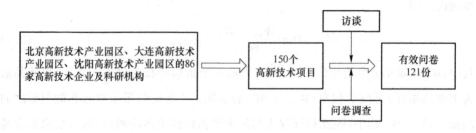

图 3.5 样本数据收集过程

1. 样本的行业分布

本书所调查的高新技术项目对象分别属于电子信息、生物医药、航空航天、新型材料及能源环保5个行业领域,具体分布如图3.6所示。

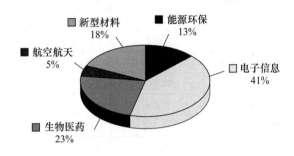

图 3.6　项目调查样本的行业分布

2. 样本的行业差异分析

由于样本的行业类别不同,所以样本的数据特征也具有分散性。为了能够从整体上分析合并后的样本数据,本书从行业领域方面对样本数据的风险后果测度指标数据进行方差分析,以检验样本数据行业差异合并的有效性。

表 3.3 为不同行业样本数据风险后果测度指标评价值的方差齐次性检验结果。其中,三项风险后果测度指标的相伴概率分别为 0.252、0.917 和 0.528,都大于显著性水平 0.05,这表明不同行业样本数据风险后果测度指标评价值的总体方差是相等的,具有方差齐次性,满足方差检验的前提条件。

表 3.3　不同行业样本数据风险后果测度指标评价值的方差齐次性检验结果

	Levene Statistic	df1	df2	Sig.
所实现技术水平与预期目标的差异	1.360	4	116	.252
所发生财务状况与预期目标的差异	.237	4	116	.917
所消耗时间进度与预期目标的差异	.799	4	116	.528

表 3.4 显示了不同行业样本数据风险后果测度指标评价值的方差分析结果。其中,三项风险后果测度指标方差检验的 F 值分别为 1.220、0.281 和 0.475,相伴概率分别为 0.306、0.890 和 0.754,都大于显著性水平 0.05。从指标的 F 检验显著性可以看出,不同行业样本数据风险后果测度指标的评价值之间不存在显著性差异,说明样本可以进行整体合并后的数据分析。

表 3.4 不同行业样本数据风险后果测度指标评价值的方差分析结果

		Sum of Squares	df	Mean Square	F	Sig.
所实现技术水平与预期目标的差异	Between Groups	2.913	4	.728	1.220	.306
	Within Groups	69.235	116	.597		
	Total	72.149	120			
所发生财务状况与预期目标的差异	Between Groups	.652	4	.163	.281	.890
	Within Groups	67.348	116	.581		
	Total	68.000	120			
所消耗时间进度与预期目标的差异	Between Groups	1.486	4	.372	.475	.754
	Within Groups	90.712	116	.782		
	Total	92.198	120			

3.6.2 质量检验分析

对高新技术项目风险因素量表的可靠性进行信度分析,能够检验整个量表数据的前后一致性,量表的信度检验能够反映出整个系统的变异程度。本书以 α 系数为评价标准对高新技术项目风险因素量表进行同质性信度分析,根据其内部结构的一致性程度,对量表整体和子量表的内部一致性信度进行检验。

从表 3.5 可以看出,高新技术项目风险因素量表的总体 Cronbach's α 系数为 0.825,其中各子量表的 Cronbach's α 系数值均高于 0.7,检验结果符合 Cronbach's α 系数至少为 0.6 的评价标准,符合内部一致性的信度要求。

表 3.5 高新技术项目风险因素量表的信度检验结果

检验项目	变量	Cronbach's α if Item Deleted	Cronbach's α 值
量表总体			.825
技术因素	技术可行性论证的充分性	.826	.703
	设计方案的科学性	.823	
	技术难度	.825	
	技术生命周期的不确定性	.819	
	技术成果的成熟度	.820	
	技术的适用度	.822	
	技术的系统效率	.823	
	技术标准化程度	.818	
	设施及原材料的可靠性	.836	

续表

检验项目	变量	Cronbach's α if Item Deleted	Cronbach's α 值
市场因素	市场需求前景的不确定性	.816	.826
	市场的竞争状况	.824	
	项目开发结果的扩散速度	.828	
	进入市场时机的选择	.827	
	市场信息的掌握程度	.820	
	客户需求的认知程度	.817	
	客户关系维护能力	.819	
经济因素	资金成本的不确定性	.814	.785
	资金需求的不确定性	.813	
	融资能力与条件的不确定性	.813	
	经营效益与盈利能力的不确定性	.831	
	资金保障和追加投资能力的不确定性	.813	
	资金使用效果的不确定性	.828	
管理因素	人力资源结构与项目要求的匹配程度	.813	.778
	项目经理的能力	.812	
	核心成员外流的可能性	.812	
	合同风险	.826	
	项目团队成员团结与协调状况	.813	
	知识产权保护能力	.813	
	沟通效果	.825	
	激励机制	.827	
	组织学习能力	.822	
	定期评审和控制能力	.823	
环境因素	政策的多变性	.820	.805
	宏观经济的波动性	.820	
	自然风险	.825	

从表 3.6 可以看出,高新技术项目风险后果量表的总体 Cronbach's α 系数为 0.915,检验结果远远高于 Cronbach's α 系数至少为 0.6 的评价标准,符合内部一致性的信度要求。

整体信度检验情况显示,高新技术项目风险因素量表和风险后果量表的信度检验均符合标准要求,因此认为本研究的量表设计符合相关信度要求。

表 3.6　高新技术项目风险后果量表的信度检验结果

检验项目	变量	Cronbach's α if Item Deleted	Cronbach's α 值
风险后果	所实现技术水平与预期目标的差异	.883	.915
	所发生财务状况与预期目标的差异	.911	
	所消耗时间进度与预期目标的差异	.832	

效度检验是指检验量表测度的研究是否有效,是否符合研究目标的特征要求。前面阐述了本书的问卷设计及量表内容是通过参考大量文献研究成果、多轮深度访谈、大量的案例研究以及小样本问卷测试等过程确定的,数据的初步统计推断也表明数据是有效的,因此认为量表具有较高的效度,符合效度检验的标准和要求。

3.6.3　指标体系优化

高新技术项目风险预警指标体系具有较多的变量,这些变量根据重要程度的不同在高新技术项目风险预警中发挥着不同程度的作用。因为高新技术项目风险预警的目的是及时、准确、高效地预测、分析和度量风险,所以解决风险预警指标的选择和淘汰问题,对风险预警指标体系进行合理简化与优化就成为必不可少的重要环节。

1. 构建高新技术项目风险预警指标信息系统

首先,构建 $S=(U,A)$ 为高新技术项目风险预警指标信息系统,属性 $A=\{a_1, a_2,\cdots,a_i\}, i=1,2,\cdots,35$(其中 a_i 为高新技术项目风险预警指标体系中的各项指标),论域 $U=\{x_1,x_2,\cdots,x_j\}, j=1,2,\cdots,121$(其中 x_j 为实证研究中通过调研所取得的 121 个项目样本),从而确定高新技术项目风险预警指标信息表。

在高新技术项目风险预警指标信息表中,项目样本 $x_j(j=1,2,\cdots,121)$ 对应行信息,x_j 的属性 $a_i(i=1,2,\cdots,35)$ 对应列信息。其中,信息表中的 a_{ij} 是相应行项目样本数据 x_j 所对应风险指标 a_i 的属性值,表现为调查问卷中的结果评价值。

表 3.7 为高新技术项目技术风险预警指标信息表,是技术风险因素所对应的风险预警指标和项目样本构成的信息表,其中,项目样本用数值序号来表示,$a_1, a_2, a_3, a_4, a_5, a_6, a_7, a_8, a_9$ 分别代表技术可行性论证的充分性、设计方案的科学性、技术难度、技术生命周期的不确定性、技术成果的成熟度、技术的适用度、技术的系统效率、技术标准化程度、设施及原材料的可靠性等指标。

表 3.7 高新技术项目技术风险预警指标信息表

x_j	a_1	a_2	a_3	a_4	a_5	a_6	a_7	a_8	a_9	x_j	a_1	a_2	a_3	a_4	a_5	a_6	a_7	a_8	a_9	x_j	a_1	a_2	a_3	a_4	a_5	a_6	a_7	a_8	a_9
1	5	5	5	5	4	5	5	4	4	42	3	4	4	4	3	4	4	4	4	83	3	5	5	3	3	3	3	4	4
2	5	5	5	4	4	5	5	4	3	43	2	5	5	4	4	4	5	4	4	84	2	4	5	3	3	3	5	3	5
3	3	4	5	4	3	5	5	3	3	44	3	5	5	4	4	4	4	4	3	85	2	5	5	5	5	5	5	5	5
4	2	4	4	4	4	5	5	4	3	45	2	5	5	5	5	5	5	5	4	86	2	5	4	4	4	4	4	3	5
5	2	4	4	4	4	4	4	3	3	46	3	5	5	4	4	4	5	5	4	87	3	5	5	3	3	5	5	3	5
6	5	5	5	3	3	4	5	3	4	47	3	5	5	4	4	4	5	5	4	5	88	3	4	4	4	4	4	4	4	4
7	2	5	5	4	3	4	5	4	4	48	3	5	4	4	4	4	4	4	3	89	4	5	5	3	4	4	5	3	5
8	5	5	5	4	5	5	4	5	4	49	3	5	5	4	4	5	5	5	4	90	2	5	5	3	4	5	4	5	3
9	2	4	5	4	3	4	5	4	4	50	4	5	5	4	4	5	5	5	5	91	3	5	5	4	5	5	5	3	5
10	2	4	4	4	4	4	4	4	4	51	5	5	5	5	5	5	4	5	5	92	2	3	4	4	4	4	3	3	4
11	2	5	5	3	4	5	5	3	3	52	2	3	5	5	4	5	5	4	5	93	3	4	5	4	4	3	4	4	5
12	5	5	4	3	4	4	4	3	3	53	2	3	5	4	4	5	5	5	5	94	3	5	5	5	5	5	5	4	5
13	2	5	5	4	4	4	3	4	4	54	2	2	5	4	4	5	3	4	5	95	2	4	4	4	4	4	4	4	4
14	2	4	4	4	4	4	4	4	4	55	3	2	5	4	3	4	4	5	5	96	3	5	4	4	4	4	4	4	5
15	5	5	5	3	3	5	5	4	4	56	3	5	5	5	4	5	5	5	4	97	3	5	5	4	4	3	5	4	5
16	5	5	5	4	5	5	5	5	4	57	3	4	4	3	4	4	4	3	5	98	3	5	5	4	4	5	5	4	5
17	3	4	4	4	3	5	5	3	3	58	3	4	4	4	4	5	5	4	4	99	4	4	5	3	4	5	4	3	5
18	5	4	4	3	3	5	5	5	4	59	4	4	4	4	4	4	4	4	5	100	3	5	5	4	4	5	4	4	5
19	5	5	5	4	4	5	5	5	4	60	4	4	4	4	4	4	4	4	4	101	3	5	4	4	4	5	4	4	4
20	2	4	4	4	4	4	4	5	4	61	2	3	5	3	3	5	5	3	5	102	3	5	5	4	4	5	5	4	5
21	2	3	4	5	4	4	4	4	4	62	3	4	4	4	5	4	4	4	4	103	2	4	4	3	4	3	3	3	4
22	3	3	3	4	4	4	4	4	3	63	3	5	5	4	4	4	4	4	4	104	2	5	5	5	5	5	3	5	5
23	5	4	4	4	4	4	4	4	3	64	2	3	5	4	4	4	4	4	4	105	2	4	4	4	4	4	4	4	4
24	4	4	4	4	4	4	4	3	3	65	2	3	5	4	4	4	4	4	4	106	2	5	5	4	4	4	4	3	5
25	5	5	5	4	5	5	5	5	4	66	4	5	5	4	5	5	5	5	4	107	4	5	4	4	4	4	4	4	4
26	3	4	5	5	5	5	5	4	3	67	3	4	4	3	4	4	4	4	5	108	3	5	5	4	4	5	5	5	5
27	4	5	5	4	4	5	4	4	3	68	3	5	5	4	4	5	5	4	4	109	2	3	4	4	4	5	4	5	5
28	3	4	4	3	5	4	4	4	4	69	3	4	4	5	4	4	4	4	5	110	3	4	5	5	5	5	5	5	5
29	3	3	5	4	4	4	4	4	4	70	3	5	5	5	5	5	5	4	4	111	3	5	5	4	4	4	4	4	4
30	3	3	5	4	4	5	5	3	4	71	3	4	5	5	4	4	5	5	5	112	3	5	5	4	4	4	4	4	4
31	3	3	4	4	4	4	4	4	4	72	3	4	4	4	4	4	4	5	5	113	3	5	5	4	4	4	3	5	5
32	2	4	5	4	4	5	5	3	4	73	4	4	5	5	4	4	4	4	5	114	3	5	5	4	4	4	4	5	4

续表

x_j	a_1	a_2	a_3	a_4	a_5	a_6	a_7	a_8	a_9	x_j	a_1	a_2	a_3	a_4	a_5	a_6	a_7	a_8	a_9	x_j	a_1	a_2	a_3	a_4	a_5	a_6	a_7	a_8	a_9
33	3	4	5	4	4	4	4	4	4	74	4	3	5	4	5	4	4	5	5	115	3	4	5	4	4	5	5	5	5
34	4	5	5	5	5	5	5	5	5	75	5	5	5	5	5	5	5	5	5	116	4	5	5	4	5	4	5	3	5
35	3	4	5	4	4	4	4	4	3	76	4	4	5	4	4	5	5	4	4	117	3	5	5	4	4	5	5	4	5
36	3	5	5	4	4	4	4	4	4	77	4	4	5	4	4	4	4	4	4	118	3	4	5	4	4	4	5	4	4
37	2	4	4	3	4	4	4	4	3	78	3	5	5	4	3	4	4	3	4	119	2	3	4	4	4	3	4	4	5
38	3	5	5	4	4	4	4	4	4	79	5	5	5	5	5	5	5	5	5	120	5	5	5	5	5	5	5	5	5
39	3	4	5	3	2	3	5	3	3	80	2	4	4	5	4	3	3	4	4	121	5	5	5	4	3	4	5	4	5
40	3	4	4	3	3	3	3	3	3	81	5	5	5	4	4	4	4	5											
41	3	4	4	4	4	4	5	4		82	3	5	5	4	4	5	5	4	4										

对于高新技术项目技术风险预警指标所对应的属性集 $A_1 = \{a_1, a_2, a_3, a_4, a_5, a_6, a_7, a_8, a_9\}$，应用 MATLAB 7.0 进行编程计算，可得 $U/\text{ind}(A_1)$，$U/\text{ind}(A_1 - \{a_1\})$，$U/\text{ind}(A_1 - \{a_2\})$，$U/\text{ind}(A_1 - \{a_3\})$，$U/\text{ind}(A_1 - \{a_4\})$，$U/\text{ind}(A_1 - \{a_5\})$，$U/\text{ind}(A_1 - \{a_6\})$，$U/\text{ind}(A_1 - \{a_7\})$，$U/\text{ind}(A_1 - \{a_8\})$，$U/\text{ind}(A_1 - \{a_9\})$ 分别为

$U/\text{ind}(A_1) = \{$ (a_{75}), (a_{51}), (a_1), (a_{113}), (a_{25}, a_{16}), (a_{19}), (a_8), (a_2), (a_{121}), (a_{15}), (a_6), (a_{12}), (a_{18}), (a_{23}), (a_{120}), (a_{34}), (a_{79}, a_{50}), (a_{73}, a_{66}), (a_{77}), (a_{116}), (a_{27}), (a_{89}), (a_{76}), (a_{99}), (a_{59}), (a_{60}), (a_{24}), (a_{74}), (a_{111}, a_{70}), (a_{94}), (a_{81}), (a_{91}), (a_{108}), $(a_{117}, a_{102}, a_{100}, a_{98}, a_{47})$, (a_{82}), (a_{68}, a_{36}, a_{38}), (a_{106}), (a_{114}), (a_{44}), (a_{49}), (a_{63}), (a_{97}), (a_{101}), (a_{78}), (a_{87}), (a_{83}), (a_{48}), (a_{71}), (a_{26}), (a_{110}), (a_{112}), (a_{115}), (a_{62}), (a_{118}), (a_{33}), (a_{35}), (a_3), (a_{17}), (a_{39}), (a_{69}), (a_{41}), (a_{96}), (a_{88}), (a_{58}), (a_{72}), (a_{42}), (a_{28}), (a_{67}), (a_{57}), (a_{40}), (a_{30}), (a_{29}), (a_{56}), (a_{93}), (a_{31}), (a_{22}), (a_{55}), (a_{85}), (a_{45}), (a_{104}), (a_{46}), (a_{13}), (a_{43}), (a_7), (a_{90}), (a_{11}), (a_{107}), (a_9), (a_{32}), (a_{84}), (a_4), (a_{20}), (a_{14}, a_{10}), (a_{86}), (a_5), (a_{105}), (a_{37}), (a_{80}), (a_{103}), (a_{52}), (a_{53}), (a_{65}), (a_{64}), (a_{61}), (a_{109}), (a_{21}), (a_{95}), (a_{92}), (a_{119}), (a_{54}) $\}$

$U/\text{ind}(A_1 - \{a_1\}) = \{$ $(a_{120}, a_{111}, a_{85}, a_{75}, a_{70})$, (a_{45}), (a_{94}, a_{51}), (a_{34}), (a_{104}), (a_{81}, a_{79}, a_{50}), (a_1), (a_{113}), (a_{25}, a_{16}), (a_{91}), (a_{46}), (a_{108}), (a_{19}), $(a_{117}, a_{102}, a_{100}, a_{98}, a_{73}, a_{66}, a_{47})$, (a_{82}, a_{77}, a_8), (a_2), (a_{116}), $(a_{68}, a_{38}, a_{36}, a_{13})$, (a_{106}), (a_{43}), (a_{114}), (a_{44}, a_{27}), (a_{49}), (a_{63}), (a_{121}, a_{97}), (a_7), (a_{101}), (a_{78}), (a_{90}), (a_{11}), (a_{89}), (a_{87}), (a_{15}), (a_6), (a_{83}), (a_{48}), (a_{12}), (a_{18}),

(a_{71}),(a_{26}),(a_{107}),(a_{110}),(a_{112}),(a_{115}),(a_{62}),(a_{118},a_{76},a_9),(a_{32}),(a_{33}),(a_{35}),(a_3),(a_{17}),(a_{99}),(a_{84}),(a_{39}),(a_{69}),(a_4),(a_{41},a_{20}),(a_{96},a_{59}),$(a_{88},a_{60},a_{14},a_{10})$,$(a_{23})$,$(a_{86})$,$(a_{24},a_5)$,$(a_{58})$,$(a_{72})$,$(a_{42})$,$(a_{28})$,$(a_{105})$,$(a_{37})$,$(a_{67})$,$(a_{80})$,$(a_{103})$,$(a_{57})$,$(a_{40})$,$(a_{52})$,$(a_{74})$,$(a_{30})$,$(a_{53})$,$(a_{29})$,$(a_{65})$,$(a_{64},a_{61})$,$(a_{109})$,$(a_{21})$,$(a_{95})$,$(a_{56})$,$(a_{92})$,$(a_{119},a_{93})$,$(a_{31})$,$(a_{22})$,$(a_{54})$,$(a_{55})$ }

$U/\mathrm{ind}(A_1-\{a_2\})$={ (a_{75}),(a_{51}),(a_1),(a_{113}),(a_{25},a_{16}),(a_{19}),(a_8),(a_2),(a_{121}),(a_{15}),(a_6),(a_{23}),(a_{12}),(a_{18}),(a_{120}),(a_{34}),(a_{79},a_{50}),(a_{74}),(a_{73},a_{66}),(a_{76},a_{77}),(a_{116}),(a_{27}),(a_{89}),(a_{99}),(a_{59}),(a_{60}),(a_{24}),(a_{111},a_{70},a_{71}),(a_{94}),(a_{26}),(a_{81}),(a_{110}),(a_{112}),(a_{91}),(a_{115},a_{108}),$(a_{117},a_{102},a_{100},a_{98},a_{62},a_{47})$,$(a_{118},a_{82})$,$(a_{68},a_{36},a_{38},a_{30})$,$(a_{106})$,$(a_{114})$,$(a_{33})$,$(a_{44},a_{35},a_{29})$,$(a_{49})$,$(a_{63})$,$(a_3)$,$(a_{97})$,$(a_{101})$,$(a_{78})$,$(a_{55})$,$(a_{87})$,$(a_{17})$,$(a_{83})$,$(a_{39})$,$(a_{69})$,$(a_{56})$,$(a_{41})$,$(a_{96})$,$(a_{88})$,$(a_{48})$,$(a_{93})$,$(a_{58})$,$(a_{72})$,$(a_{42},a_{31})$,$(a_{28})$,$(a_{67})$,$(a_{57})$,$(a_{40})$,$(a_{22})$,$(a_{85})$,$(a_{45})$,$(a_{107})$,$(a_{104})$,$(a_{54})$,$(a_{52})$,$(a_{46})$,$(a_9)$,$(a_{32},a_{13})$,$(a_{53})$,$(a_{43})$,$(a_{65})$,$(a_7)$,$(a_{90})$,$(a_{11})$,$(a_{64},a_{61})$,$(a_{84})$,$(a_{109})$,$(a_{21})$,$(a_4)$,$(a_{95})$,$(a_{20})$,$(a_{14},a_{10})$,$(a_{86})$,$(a_{92})$,$(a_5)$,$(a_{119})$,$(a_{105})$,$(a_{37})$,$(a_{80})$,$(a_{103})$ }

$U/\mathrm{ind}(A_1-\{a_3\})$={ (a_{75}),(a_{25},a_{16}),(a_{51}),(a_{19}),(a_8,a_1),(a_2),(a_{113}),(a_{15}),(a_{121}),(a_6),(a_{12}),(a_{18}),(a_{23}),(a_{120}),(a_{34}),$(a_{79},a_{73},a_{66},a_{50})$,$(a_{77})$,$(a_{116})$,$(a_{89})$,$(a_{27})$,$(a_{76})$,$(a_{99})$,$(a_{59})$,$(a_{60})$,$(a_{24})$,$(a_{74})$,$(a_{111},a_{70})$,$(a_{94})$,$(a_{91})$,$(a_{108})$,$(a_{117},a_{102},a_{100},a_{98},a_{81},a_{47})$,$(a_{82})$,$(a_{68},a_{36},a_{38})$,$(a_{106})$,$(a_{114})$,$(a_{44})$,$(a_{49})$,$(a_{63})$,$(a_{87})$,$(a_{97})$,$(a_{101})$,$(a_{78})$,$(a_{83})$,$(a_{48})$,$(a_{110},a_{71})$,$(a_{112})$,$(a_{69})$,$(a_{26})$,$(a_{115})$,$(a_{62})$,$(a_{118})$,$(a_{33})$,$(a_{35})$,$(a_{17},a_3)$,$(a_{39})$,$(a_{69})$,$(a_{28})$,$(a_{41})$,$(a_{96})$,$(a_{88})$,$(a_{67})$,$(a_{58})$,$(a_{72})$,$(a_{42})$,$(a_{57})$,$(a_{40})$,$(a_{30})$,$(a_{29})$,$(a_{56})$,$(a_{93})$,$(a_{31})$,$(a_{22})$,$(a_{55})$,$(a_{85})$,$(a_{45})$,$(a_{104})$,$(a_{46})$,$(a_{90})$,$(a_{13})$,$(a_{11})$,$(a_{107})$,$(a_9)$,$(a_{32})$,$(a_4)$,$(a_{20})$,$(a_{14},a_{10})$,$(a_{86})$,$(a_5)$,$(a_{105})$,$(a_{37})$,$(a_{80})$,$(a_{103})$,$(a_{52})$,$(a_{21})$,$(a_{95})$,$(a_{53})$,$(a_{92})$,$(a_{119})$,$(a_{65})$,$(a_{64},a_{61})$,$(a_{54})$ }

$U/\mathrm{ind}(A_1-\{a_4\})$={ (a_{75}),(a_{51}),(a_1),(a_{113}),(a_{25},a_{16}),(a_{19}),(a_8),(a_2),(a_{121}),(a_{15}),(a_6),(a_{12}),(a_{18}),(a_{23}),(a_{120}),(a_{34}),(a_{79},a_{50}),(a_{73},a_{66}),(a_{77}),(a_{116}),(a_{27}),(a_{89}),(a_{76}),(a_{99}),(a_{59}),(a_{60}),(a_{24}),(a_{74}),(a_{111},a_{70}),(a_{94}),(a_{81}),(a_{91}),(a_{108}),$(a_{117},a_{102},a_{100},a_{98},a_{47})$,$(a_{82})$,$(a_{68},a_{36}$,

a_{38}), (a_{106}), (a_{114}), (a_{44}), (a_{49}), (a_{63}), (a_{97}), (a_{101}), (a_{78}), (a_{87}), (a_{83}), (a_{48}), (a_{71}), (a_{26}), (a_{110}), (a_{112}), (a_{115}), (a_{62}), (a_{118}), (a_{33}), (a_{35}), (a_3), (a_{17}), (a_{39}), (a_{69}), (a_{41}), (a_{96}), (a_{88}), (a_{58}), (a_{72}), (a_{42}), (a_{28}), (a_{67}), (a_{57}), (a_{40}), (a_{30}), (a_{29}), (a_{56}), (a_{93}), (a_{31}), (a_{22}), (a_{55}), (a_{85}), (a_{45}), (a_{104}), (a_{46}), (a_{90}), (a_{13}), (a_{11}), (a_{43}), (a_7), (a_{107}), (a_9), (a_{32}), (a_{84}), (a_4), (a_{20}), (a_{105}, a_{14}, a_{10}), (a_{37}), (a_{86}), (a_5), (a_{80}), (a_{103}), (a_{53}), (a_{52}), (a_{65}), (a_{64}, a_{61}), (a_{109}), (a_{21}), (a_{95}), (a_{92}), (a_{119}), (a_{54}) }

$U/\mathrm{ind}(A_1-\{a_5\})=$ { (a_{75}), (a_{51}), (a_1), (a_{113}), (a_{25}, a_{16}, a_{19}), (a_8), (a_2), (a_{121}), (a_{15}), (a_6), (a_{12}), (a_{18}), (a_{23}), (a_{120}), (a_{34}), (a_{79}, a_{50}), (a_{73}, a_{66}), (a_{77}), (a_{116}), (a_{27}), (a_{89}), (a_{76}), (a_{99}), (a_{59}), (a_{60}), (a_{24}), (a_{74}), (a_{111}, a_{70}), (a_{94}), (a_{81}), (a_{108}), (a_{49}), (a_{117}, a_{102}, a_{100}, a_{98}, a_{63}, a_{47}), (a_{82}), (a_{91}), (a_{68}, a_{36}, a_{38}), (a_{106}), (a_{97}), (a_{101}), (a_{78}), (a_{114}), (a_{44}), (a_{87}), (a_{83}), (a_{48}), (a_{71}), (a_{26}), (a_{115}, a_{110}), (a_{112}, a_{62}), (a_{118}), (a_3), (a_{33}), (a_{35}), (a_{17}), (a_{39}), (a_{58}), (a_{41}), (a_{96}, a_{72}, a_{69}), (a_{88}, a_{42}), (a_{28}), (a_{67}, a_{57}), (a_{40}), (a_{30}), (a_{29}), (a_{56}), (a_{93}), (a_{31}), (a_{22}), (a_{55}), (a_{85}), (a_{45}), (a_{104}), (a_{13}), (a_{43}, a_7), (a_{46}), (a_{90}), (a_{11}), (a_{107}), (a_9), (a_{32}), (a_{84}), (a_4), (a_{20}), (a_{14}, a_{10}), (a_{86}), (a_5), (a_{105}), (a_{37}), (a_{80}), (a_{103}), (a_{52}), (a_{53}), (a_{65}), (a_{64}, a_{61}), (a_{109}), (a_{21}), (a_{95}), (a_{92}), (a_{119}), (a_{54}) }

$U/\mathrm{ind}(A_1-\{a_6\})=$ { (a_{75}), (a_{51}), (a_1), (a_{113}), (a_{25}, a_{16}, a_{19}), (a_8), (a_2), (a_{121}), (a_{15}, a_6), (a_{12}), (a_{18}), (a_{23}), (a_{120}), (a_{34}), (a_{79}, a_{50}), (a_{73}, a_{66}), (a_{77}), (a_{116}), (a_{27}), (a_{89}), (a_{76}), (a_{99}), (a_{59}), (a_{60}), (a_{24}), (a_{74}), (a_{111}, a_{70}), (a_{94}), (a_{81}), (a_{91}), (a_{108}), (a_{117}, a_{102}, a_{100}, a_{98}, a_{47}), (a_{82}), (a_{68}, a_{36}, a_{38}), (a_{106}), (a_{114}), (a_{44}), (a_{49}), (a_{97}, a_{63}), (a_{101}), (a_{78}), (a_{87}), (a_{83}), (a_{48}), (a_{71}), (a_{26}), (a_{110}), (a_{112}), (a_{115}), (a_{62}), (a_{118}), (a_{33}), (a_{35}), (a_3), (a_{17}), (a_{39}), (a_{69}), (a_{41}), (a_{96}), (a_{88}), (a_{58}), (a_{72}), (a_{42}), (a_{28}), (a_{67}), (a_{57}), (a_{40}), (a_{30}), (a_{29}), (a_{56}), (a_{93}), (a_{31}), (a_{22}), (a_{55}), (a_{85}), (a_{45}), (a_{104}), (a_{46}), (a_{43}), (a_{13}), (a_7), (a_{90}), (a_{11}), (a_{107}), (a_9), (a_{32}), (a_{84}), (a_4), (a_{20}), (a_{14}, a_{10}), (a_{86}), (a_5), (a_{105}), (a_{37}), (a_{80}), (a_{103}), (a_{52}), (a_{53}), (a_{65}), (a_{64}, a_{61}), (a_{109}), (a_{21}), (a_{119}), (a_{95}), (a_{92}), (a_{54}) }

$U/\mathrm{ind}(A_1-\{a_7\})=$ { (a_{54}), (a_{119}), (a_{92}), (a_{95}), (a_{21}), (a_{109}), (a_{64}, a_{61}), (a_{65}), (a_{53}), (a_{52}), (a_{103}), (a_{80}), (a_{37}), (a_{105}), (a_5), (a_{86}), (a_{14}, a_{10}), (a_{20}), (a_4), (a_{84}), (a_{32}), (a_9), (a_{107}), (a_{11}), (a_{90}), (a_7), (a_{43}), (a_{13}), (a_{46}), (a_{45}),

(a_{104}, a_{85}), (a_{55}), (a_{22}), (a_{31}), (a_{93}), (a_{56}), (a_{29}), (a_{30}), (a_{40}), (a_{57}), (a_{67}), (a_{28}), (a_{42}), (a_{72}, a_{58}), (a_{88}), (a_{96}), (a_{41}), (a_{69}), (a_{39}), (a_{17}), (a_3), (a_{35}), (a_{33}), (a_{118}), (a_{62}), (a_{115}), (a_{112}), (a_{110}), (a_{26}), (a_{71}), (a_{48}), (a_{83}), (a_{87}), (a_{78}), (a_{101}), (a_{97}), (a_{63}), (a_{49}), (a_{44}), (a_{114}), (a_{68}, a_{36}, a_{38}), (a_{82}), $(a_{117}, a_{102}, a_{100}, a_{98}, a_{47})$, (a_{108}, a_{106}), (a_{91}), (a_{81}), (a_{94}), (a_{111}, a_{70}), (a_{74}), (a_{24}), (a_{60}), (a_{59}), (a_{99}), (a_{76}), (a_{89}), (a_{27}), (a_{116}), (a_{77}), (a_{73}, a_{66}), (a_{79}, a_{50}), (a_{34}), (a_{120}), (a_{23}), (a_{18}), (a_{12}), (a_6), (a_{15}), (a_{121}), (a_2), (a_8), (a_{19}), (a_{25}, a_{16}), (a_{113}), (a_1), (a_{51}), (a_{75}) \}

$U/\text{ind}(A_1 - \{a_8\}) = \{$ (a_{75}, a_{51}), (a_1), (a_{113}), (a_{25}, a_{16}), (a_{19}, a_8), (a_2), (a_{121}), (a_{15}), (a_6), (a_{12}), (a_{18}), (a_{23}), (a_{120}), (a_{34}), (a_{79}, a_{50}), (a_{116}, a_{73}), (a_{66}), (a_{77}), (a_{27}), (a_{89}), (a_{76}), (a_{99}), (a_{59}), (a_{60}), (a_{24}), (a_{74}), (a_{111}, a_{94}), (a_{70}), (a_{81}), (a_{91}), $(a_{117}, a_{108}, a_{102}, a_{100}, a_{98}, a_{47})$, $(a_{82}, a_{68}, a_{36}, a_{38})$, (a_{106}), (a_{114}), (a_{44}), (a_{49}), (a_{63}), (a_{97}, a_{101}), (a_{78}), (a_{87}), (a_{83}), (a_{48}), (a_{71}), (a_{26}), (a_{110}, a_{112}), (a_{115}, a_{62}), (a_{118}), (a_{33}), (a_{35}), (a_3), (a_{17}), (a_{39}), (a_{69}), (a_{96}), (a_{88}, a_{41}), (a_{58}), (a_{72}), (a_{42}), (a_{28}), (a_{67}), (a_{57}), (a_{40}), (a_{30}), (a_{29}), (a_{56}), (a_{93}), (a_{31}), (a_{22}), (a_{55}), (a_{85}), (a_{45}), (a_{104}), (a_{46}), (a_{13}), (a_{43}), (a_7), (a_{90}), (a_{11}), (a_{107}), (a_{32}, a_9), (a_{84}), (a_4), (a_{20}, a_{14}, a_{10}), (a_{86}), (a_5), (a_{105}), (a_{37}), (a_{80}, a_{103}), (a_{52}), (a_{53}), (a_{65}), (a_{64}, a_{61}), (a_{109}), (a_{21}), (a_{95}), (a_{92}), (a_{119}), (a_{54}) \}

$U/\text{ind}(A_1 - \{a_9\}) = \{$ (a_{75}), (a_{51}), (a_1), (a_{113}), (a_{25}, a_{16}), (a_{19}), (a_8, a_2), (a_{121}), (a_{15}), (a_6), (a_{12}), (a_{18}), (a_{23}), (a_{120}), (a_{34}), (a_{79}, a_{50}), (a_{77}, a_{73}, a_{66}), (a_{116}), (a_{27}), (a_{89}), (a_{76}), (a_{99}), (a_{60}, a_{59}), (a_{24}), (a_{74}), (a_{111}, a_{70}), (a_{94}), (a_{81}), (a_{91}), (a_{108}), $(a_{117}, a_{102}, a_{100}, a_{98}, a_{82}, a_{47})$, (a_{68}, a_{36}, a_{38}), (a_{106}), (a_{114}), (a_{44}), (a_{49}), (a_{63}), (a_{97}), (a_{101}), (a_{78}), (a_{87}), (a_{83}), (a_{48}), (a_{71}), (a_{26}), (a_{110}), (a_{112}), (a_{115}), (a_{118}, a_{62}), (a_{33}), (a_{35}), (a_3), (a_{17}), (a_{39}), (a_{69}), (a_{41}), (a_{96}, a_{88}), (a_{58}), (a_{72}), (a_{42}), (a_{28}), (a_{67}), (a_{57}), (a_{40}), (a_{30}), (a_{29}), (a_{56}), (a_{93}), (a_{31}), (a_{22}), (a_{55}), (a_{85}), (a_{45}), (a_{104}), (a_{46}), (a_{13}), (a_{43}), (a_7), (a_{90}, a_{11}), (a_{107}), (a_9), (a_{32}), (a_{84}), (a_4), (a_{20}), (a_{14}, a_{10}), (a_{86}), (a_5), (a_{105}), (a_{37}), (a_{80}), (a_{103}), (a_{52}), (a_{53}), (a_{65}), (a_{64}, a_{61}), (a_{109}), (a_{21}), (a_{95}), (a_{92}), (a_{119}), (a_{54}) \}

2. 确定高新技术项目风险预警指标的重要程度

根据式(3.1),可以得出以上等价集合的信息量,其中,

$$I(A_1) = 0.9891$$

$$I(A_1 - \{a_1\}) = 0.9834$$

$$I(A_1 - \{a_2\}) = 0.9867$$

$$I(A_1 - \{a_3\}) = 0.9887$$

$$I(A_1 - \{a_4\}) = 0.9874$$

$$I(A_1 - \{a_5\}) = 0.9873$$

$$I(A_1 - \{a_6\}) = 0.9887$$

$$I(A_1 - \{a_7\}) = 0.9887$$

$$I(A_1 - \{a_8\}) = 0.9861$$

$$I(A_1 - \{a_9\}) = 0.9870$$

即

$$I(A) = (0.9891, 0.9834, 0.9867, 0.9887, 0.9874, 0.9873, \\ 0.9887, 0.9887, 0.9861, 0.9870) \tag{3.5}$$

3. 确定高新技术项目风险预警指标的权重

根据式(3.2),可以确定高新技术项目技术风险预警指标的重要程度,其中,

$$\mathrm{Sig}_{A-\{a_1\}}(a_1) = I(A_1) - I(A_1 - \{a_1\}) = 0.9891 - 0.9834 = 0.0057$$

$$\mathrm{Sig}_{A-\{a_2\}}(a_2) = I(A_1) - I(A_1 - \{a_2\}) = 0.9891 - 0.9867 = 0.0024$$

$$\mathrm{Sig}_{A-\{a_3\}}(a_3) = I(A_1) - I(A_1 - \{a_3\}) = 0.9891 - 0.9887 = 0.0004$$

$$\mathrm{Sig}_{A-\{a_4\}}(a_4) = I(A_1) - I(A_1 - \{a_4\}) = 0.9891 - 0.9874 = 0.0017$$

$$\mathrm{Sig}_{A-\{a_5\}}(a_5) = I(A_1) - I(A_1 - \{a_5\}) = 0.9891 - 0.9873 = 0.0028$$

$$\mathrm{Sig}_{A-\{a_6\}}(a_6) = I(A_1) - I(A_1 - \{a_6\}) = 0.9891 - 0.9887 = 0.0004$$

$$\mathrm{Sig}_{A-\{a_7\}}(a_7) = I(A_1) - I(A_1 - \{a_7\}) = 0.9891 - 0.9887 = 0.0004$$

$$\mathrm{Sig}_{A-\{a_8\}}(a_8) = I(A_1) - I(A_1 - \{a_8\}) = 0.9891 - 0.9861 = 0.0030$$

$$\mathrm{Sig}_{A-\{a_9\}}(a_9) = I(A_1) - I(A_1 - \{a_9\}) = 0.9891 - 0.9870 = 0.0021$$

即

$$\mathrm{Sig}_{A-\{a\}}(a) = (0.0057, 0.0024, 0.0004, 0.0017, 0.0028, \\ 0.0004, 0.0004, 0.0030, 0.0021) \tag{3.6}$$

根据式(3.3),可以确定高新技术项目技术风险预警指标的权重。

$$W_1 = \frac{\text{Sig}_{A-\{a_1\}}(a_1)}{\sum_{i=1}^{9}\text{Sig}_{A-\{a_i\}}(a_i)} = 0.005\ 7/0.179 = 0.318\ 4$$

$$W_2 = \frac{\text{Sig}_{A-\{a_2\}}(a_2)}{\sum_{i=1}^{9}\text{Sig}_{A-\{a_i\}}(a_i)} = 0.002\ 4/0.179 = 0.134\ 1$$

$$W_3 = \frac{\text{Sig}_{A-\{a_3\}}(a_3)}{\sum_{i=1}^{9}\text{Sig}_{A-\{a_i\}}(a_i)} = 0.000\ 4/0.179 = 0.022\ 3$$

$$W_4 = \frac{\text{Sig}_{A-\{a_4\}}(a_4)}{\sum_{i=1}^{9}\text{Sig}_{A-\{a_i\}}(a_i)} = 0.001\ 7/0.179 = 0.095\ 0$$

$$W_5 = \frac{\text{Sig}_{A-\{a_5\}}(a_5)}{\sum_{i=1}^{9}\text{Sig}_{A-\{a_i\}}(a_i)} = 0.001\ 8/0.179 = 0.100\ 6$$

$$W_6 = \frac{\text{Sig}_{A-\{a_6\}}(a_6)}{\sum_{i=1}^{9}\text{Sig}_{A-\{a_i\}}(a_i)} = 0.000\ 4/0.179 = 0.022\ 3$$

$$W_7 = \frac{\text{Sig}_{A-\{a_7\}}(a_7)}{\sum_{i=1}^{9}\text{Sig}_{A-\{a_i\}}(a_i)} = 0.000\ 4/0.179 = 0.022\ 3$$

$$W_8 = \frac{\text{Sig}_{A-\{a_8\}}(a_8)}{\sum_{i=1}^{9}\text{Sig}_{A-\{a_i\}}(a_i)} = 0.003\ 0/0.179 = 0.167\ 6$$

$$W_9 = \frac{\text{Sig}_{A-\{a_9\}}(a_9)}{\sum_{i=1}^{9}\text{Sig}_{A-\{a_i\}}(a_i)} = 0.002\ 1/0.179 = 0.117\ 4$$

可以得出:

$$\begin{aligned}W =& (W_1,W_2,W_3,W_4,W_5,W_6,W_7,W_8,W_9)\\=& (0.318\ 4,0.134\ 1,0.022\ 3,0.095\ 0,0.100\ 6,\\& 0.022\ 3,0.022\ 3,0.167\ 6,0.117\ 4)\end{aligned} \quad (3.7)$$

4. 筛选高新技术项目风险预警指标

在高新技术项目风险预警指标的优化过程中,若淘汰的指标过多,则失去了全面决策分析的作用;若淘汰指标过少,则无法剔除个别重要程度低、偏离程度大的指标。根据相关研究经验与实践,应用聚类分析淘汰指标的比例在 20%～30%

为好。

根据式(3.4)剔除偏离程度大的权重。当 $D_i > 90\%$ 时,该指标将被剔除。应该指出的是,这个 90% 的阈值是在具体项目风险预警中总结出的经验值,还需要通过较长时间的反复验证,才能够较好地反映出实际情况。

对于高新技术项目技术风险预警指标,将式(3.7)中的数据结果代入式(3.4),则有

$$D_i = (D_1, D_2, D_3, D_4, D_5, D_6, D_7, D_8, D_9)$$
$$= (0, 57.88\%, 93.00\%, 70.16\%, 68.40\%, 93.00\%,$$
$$93.00\%, 47.36\%, 63.13\%) \tag{3.8}$$

同理,可以计算其余的高新技术项目风险预警指标和风险后果指标的信息量、重要程度及权重。具体数据如表 3.8 和表 3.9 所示。

表 3.8 高新技术项目风险预警指标的信息量、重要程度及权重

类别	序号	风险预警指标	$I(A)$	$I(A-\{a_i\})$	$Sig_{A-\{a_i\}}(a_i)$	W_i	$\sum_{i=1}^{n} W_i$	D_i
技术风险	1	技术可行性论证的充分性	0.989 1	0.983 4	0.005 7	0.318 4	1.00	0
	2	设计方案的科学性		0.986 7	0.002 4	0.134 1		57.88%
	3	技术成果的成熟度		0.988 7	0.000 4	0.022 3		93.00%
	4	技术难度		0.987 4	0.001 7	0.095 0		70.16%
	5	技术生命周期的不确定性		0.987 3	0.002 8	0.100 6		68.40%
	6	技术的适用度		0.988 7	0.000 4	0.022 3		93.00%
	7	设施及原材料的可靠性		0.988 7	0.000 4	0.022 3		93.00%
	8	技术的系统效率		0.986 1	0.003 0	0.167 6		47.36%
	9	技术标准化程度		0.987 0	0.002 1	0.117 4		63.13%
市场风险	10	项目开发结果的扩散速度	0.988 9	0.988 0	0.000 9	0.032 1	1.00	91.36%
	11	市场需求前景的不确定性		0.978 5	0.010 4	0.371 4		0
	12	市场的竞争状况		0.981 4	0.007 5	0.267 9		27.87%
	13	市场信息的掌握程度		0.983 5	0.005 4	0.192 9		48.06%
	14	客户需求的认知程度		0.987 5	0.001 4	0.050 0		86.54%
	15	进入市场时机的选择		0.988 3	0.000 6	0.021 4		94.24%
	16	客户关系维护能力		0.987 1	0.001 8	0.064 3		82.69%

续 表

类别	序号	风险预警指标	$I(A)$	$I(A-\{a_i\})$	$Sig_{A-\{a_i\}}(a_i)$	W_i	$\sum_{i=1}^{n}W_i$	D_i
经济风险	17	资金成本的不确定性	0.9659	0.9540	0.0119	0.2237	1.00	14.39%
	18	资金需求的不确定性		0.9583	0.0076	0.1429		45.31%
	19	融资能力与条件的不确定性		0.9520	0.0139	0.2613		0
	20	经营效益与盈利能力的不确定性		0.9625	0.0034	0.0639		75.55%
	21	资金保障和追加投资能力的不确定性		0.9562	0.0097	0.1823		30.23%
	22	资金使用效果的不确定性		0.9592	0.0067	0.1259		48.17%
管理风险	23	人力资源结构与项目要求的匹配程度	0.9906	0.9893	0.0013	0.1111	1.00	51.86%
	24	项目经理的能力		0.9902	0.0004	0.0342		85.18%
	25	核心成员外流的可能性		0.9894	0.0012	0.1026		55.54%
	26	项目团队成员团结与协调状况		0.9879	0.0027	0.2308		0
	27	知识产权保护能力		0.9886	0.0020	0.1709		25.94%
	28	沟通效果		0.9902	0.0004	0.0343		85.14%
	29	激励机制		0.9891	0.0015	0.1282		44.45%
	30	组织学习能力		0.9886	0.0020	0.1709		25.95%
	31	合同风险		0.9905	0.0001	0.0085		96.32%
	32	定期评审和控制能力		0.9905	0.0001	0.0085		96.32%
环境风险	33	政策的多变性	0.8025	0.7265	0.0760	0.4977	1.00	0
	34	宏观经济的波动性		0.7581	0.0444	0.2908		41.57%
	35	自然风险		0.7702	0.0323	0.2115		57.50%

表 3.9 高新技术项目风险后果指标的信息量、重要程度及权重

序号	风险后果	$I(A)$	$I(A-\{a_i\})$	$Sig_{A-\{a_i\}}(a_i)$	W_i	$\sum_{i=1}^{n}W_i$
1	所实现技术水平与预期目标的差异	0.8911	0.7968	0.0943	0.3687	1.00
2	所发生财务状况与预期目标的差异		0.8142	0.0769	0.3006	
3	所消耗时间进度与预期目标的差异		0.8065	0.0846	0.3307	

从表 3.8 可以看出,在技术风险因素中,因为 D_3、D_6 和 D_7 的值均大于 90%,所以将技术成果的成熟度、技术的适用度、设施及原材料的可靠性这 3 项风险指标剔除。

其中,对于技术成果的成熟度指标来说,由于高新技术项目具有高技术创新性的特征,技术成果一般更强调技术的时效性、领先性和功能性,同时技术的时效性又是领先性的前提和保障。在本书的项目调研中了解到,正是由于这个原因,项目组和企业往往在技术创新生命周期的中期,即已初步实现基本功能要求和技术指标阶段,便可以将技术成果加以应用。也就是说,在高新技术项目中,技术成果的成熟度对项目目标影响较小,体现了高新技术项目的独特性。

对于技术的适用度指标来说,在高新技术项目中,技术的应用效果具有即时反馈性。一般来说,在传统技术项目中,很多技术的应用效果是具有时滞性的,只有在应用了这些技术较长时间之后,才能够知道其与项目是否匹配。在本书的项目访谈中了解到,高新技术项目由于本身的高技术性和系统性,在技术应用方面具有很强的纠错能力,一旦所选用的技术适用性较差,在较短的时间内便会产生排异,能够被项目管理者发现。从这一点上来说,技术的适用度对高新技术项目风险的影响相对较小。

对于设施及原材料的可靠性指标来说,高新技术项目不是以设施及原材料投资形成实物资产为项目主体的"硬项目",而是更偏重于较强的技术创新和智力因素的"软项目",需要较强的智力因素和人本因素来配合。相对于技术创新性来说,高新技术项目的设施配备情况及原材料供应情况对项目目标的影响相对较小。因此,不同于一般的工程项目或生产项目,在高新技术项目中设施及原材料的可靠性对项目风险的影响相对较小,体现了高新技术项目的技术创新特点。

在市场风险因素中,因为 D_{10} 和 D_{15} 的值均大于 90%,所以将项目开发结果的扩散速度和进入市场时机的选择这两项风险指标剔除。

对于项目开发结果的扩散速度指标来说,一方面,高新技术项目的开发结果是针对特定客户的需求的,具有较强的针对性及独特性,不具有普遍的行业适用性;另一方面,在本书的项目调研中了解到,高新技术项目的开发结果具有较强的定制性,产品市场规模较小,在结果扩散渠道和速度方面的要求较传统项目低。因此,本书认为,在高新技术项目中,项目开发结果的扩散速度对项目风险的影响相对较小,体现了高新技术项目的特殊性。

对于进入市场时机的选择指标来说,由于高新技术项目开发结果的独特性在于高新技术产品具有技术上的领先性和竞争上的时效性,因此高新技术产品在进入市场时机的选择上往往遵循尽早进入的原则。在本书的项目调研中了解到,高新技术项目要实现的目标之一是能够在有限的时间内达到技术和性能上的制高点,并迅速脱颖而出。因此,对于市场时机的选择来说,高新技术项目往往表现出更强的及早进入性,也就是说,进入市场时机的选择这一指标对项目风险的影响相对较小。

在管理风险因素中,因为 D_{31} 和 D_{32} 的值均大于 90%,所以将合同风险、定期评审和控制能力这两项风险指标剔除。

对于合同风险指标来说,高新技术项目是一个复杂的巨系统,涉及数目众多的项目各利益相关方(即项目干系人),要平衡各方的利益关系、相互之间错综复杂的任务委托及外包关系,一种主要的保障方式就是合同约束。正是由于合同管理在项目中的地位重要,在高新技术项目中通常都会有专门的部门或专家顾问来负责合同方面的问题,并且在重要事项方面实行的是项目经理通报制,这进一步弱化了合同管理中不确定因素对高新项目风险的影响。因此,合同风险指标在高新技术项目中具有相对较大的确定性,对项目风险的影响相对较小。

对于定期评审和控制能力指标来说,项目定期评审检查制度已普遍应用于高新技术项目中,其目的在于加大对项目的控制力度。项目管理者往往强调这种方法的使用及效果,定期召开的项目评审会议具有规律性和可控性,对于项目的进度、成本及质量有可约束性。一般来说,定期评审有较固定的模式和程序,执行过程的不确定性较小。而且由于高新技术项目技术创新的复杂性,项目管理者更倾向于在项目定期评审和控制问题上给予高度关注,并将其制度化和流程化。因此,定期评审和控制能力指标对项目风险的影响相对较小,体现了高新技术项目的特殊性。

3.6.4 多元回归分析

根据高新技术项目风险预警系统的特点以及本研究的调研情况,本书采用多元回归分析方法,使所有风险因素变量和风险结果变量进入回归方程,进行回归分析。

回归结果检验如表 3.10、表 3.11 和表 3.12 所示。

表 3.10 回归模型的总体参数表(Model Summary[②])

Model	R	R Square	Adjusted R Square	Std. Error of the Estimate	Durbin-Watson
1	.964[①]	.928	.907	.222 02	2.244

注:① Predictors:(Constant),组织学习能力,经营效益与盈利能力的不确定性,技术难度,资金成本的不确定性,自然风险,市场的竞争状况,技术可行性论证的充分性,激励机制,市场信息的掌握程度,技术标准化程度,政策的多变性,设计方案的科学性,沟通效果,技术生命周期的不确定性,宏观经济的波动性,技术的系统效率,人力资源结构与项目要求的匹配程度,客户关系维护能力,项目团队成员团结与协调状况,融资能力与条件的不确定性,知识产权保护能力,资金需求的不确定性,核心成员外流的可能性,资金使用效果的不确定性,项目经理的能力,客户需求的认知程度,资金保障和追加投资能力的不确定性,市场需求前景的不确定性。

② Dependent Variable:风险后果。

表 3.11 回归方差分析表(ANOVA[②])

Model		Sum of Squares	df	Mean Square	F	Sig.
1	Regression	58.769	28	2.099	42.580	.000[①]
	Residual	4.535	92	.049		
	Total	63.304	120			

注:① Predictors:(Constant),组织学习能力,经营效益与盈利能力的不确定性,技术难度,资金成本的不确定性,自然风险,市场的竞争状况,技术可行性论证的充分性,激励机制,市场信息的掌握程度,技术标准化程度,政策的多变性,设计方案的科学性,沟通效果,技术生命周期的不确定性,宏观经济的波动性,技术的系统效率,人力资源结构与项目要求的匹配程度,客户关系维护能力,项目团队成员团结与协调状况,融资能力与条件的不确定性,知识产权保护能力,资金需求的不确定性,核心成员外流的可能性,资金使用效果的不确定性,项目经理的能力,客户需求的认知程度,资金保障和追加投资能力的不确定性,市场需求前景的不确定性。

② Dependent Variable:风险后果。

表 3.12　回归系数及其显著性检验表(Coefficients①)

	Unstandardized Coefficients		Standardized Coefficients	t	Sig.
	β	Std. Error	Beta		
(Constant)	1.764	2.646		.667	.510
技术可行性论证的充分性	.412	.201	.399	2.052	.048
设计方案的科学性	.722	.345	.792	2.092	.044
技术难度	.401	.181	.367	2.212	.034
技术生命周期的不确定性	.238	.052	.201	4.593	.000
技术的系统效率	.101	.047	.084	2.153	.034
技术标准化程度	.644	.334	.753	1.929	.047
市场需求前景的不确定性	.244	.052	.206	4.685	.000
市场的竞争状况	.098	.047	.082	2.103	.038
市场信息的掌握程度	.082	.039	.112	2.118	.037
客户需求的认知程度	.105	.048	.165	2.199	.030
客户关系维护能力	.087	.039	.118	2.242	.027
资金成本的不确定性	.114	.054	.129	2.101	.038
资金需求的不确定性	.103	.048	.161	2.155	.034
融资能力与条件的不确定性	.107	.054	.121	1.985	.050
经营效益与盈利能力的不确定性	.153	.052	.175	2.957	.004
资金保障和追加投资能力的不确定性	.228	.065	.256	3.512	.001
资金使用效果的不确定性	.237	.065	.267	3.663	.000
人力资源结构与项目要求的匹配程度	.536	.164	.632	3.276	.003
项目经理的能力	.155	.053	.187	2.935	.004
核心成员外流的可能性	.160	.053	.192	3.036	.003
项目团队成员团结与协调状况	.129	.047	.134	2.754	.007
知识产权保护能力	.123	.047	.128	2.616	.010
沟通效果	.667	.283	.440	2.360	.025
激励机制	.173	.087	.196	.173	.050
组织学习能力	.725	.278	.557	2.604	.014
政策的多变性	.049	.023	.105	2.076	.041
宏观经济的波动性	.119	.054	.172	2.195	.031
自然风险	.090	.046	.123	1.943	.055

注：① DependentVariable：风险后果。

表 3.10 体现了回归分析结果的复相关数值、拟合系数、调整后的拟合系数值、估计值标准误差和 Durbin-Watson 统计值。其中,Durbin-Watson 统计值为 2.244,接近 2,说明不存在序列相关。

表 3.11 体现了回归分析结果的平方和、残差平方和、均方、回归分析的 F 检验及其显著性。从回归分析结果显示的 F 检验显著性可以得知,回归分析的总体效果良好。

从表 3.12 可以看出,在 27 个风险因素中,除自然风险因素外,每个风险因素对风险后果变量都有显著的影响,均在 $\alpha=0.05$ 显著水平下有效。

其中,自然风险因素的非标准化回归系数为 0.090,t 值在 0.05 水平上不显著,说明自然风险因素项系数不显著异于 0,不能进入回归方程,同时也说明自然风险因素对风险后果没有较强的解释能力。这主要是由于高新技术项目受自然环境变化的影响较小。本书所调研的项目也表明,因为高新技术项目研发的特殊性,在其研发过程中极少发生自然风险,同时其对自然风险的防御能力也远远好于一般的传统工程项目,这显示了高新技术项目的特殊性。

从以上分析可以得知,在本书初步设定的 34 个高新技术项目风险预警指标中,通过基于粗糙集理论的高新技术项目风险预警指标优化分析,将技术成果的成熟度、技术的适用度、设施及原材料的可靠性、项目开发结果的扩散速度、进入市场时机的选择、合同风险、定期评审和控制能力等 7 个指标剔除,同时通过回归分析得出具有显著回归性的 27 个风险指标变量,剔除了自然风险因素指标,构成了图 3.7 所示的完整的高新技术项目风险预警指标体系。

这里应该说明的是,在实际的高新技术项目风险预警系统中应用本指标体系时,还需要因地制宜,只有这样才能收到良好的效果。

第 3 章　高新技术项目风险的辨识研究

```
                   ┌ 技术可行性论证的充分性
                   │ 设计方案的科学性
          技术风险 ┤ 技术难度
                   │ 技术生命周期的不确定性
                   │ 技术的系统效率
                   └ 技术的标准化程度

                   ┌ 市场需求前景的不确定性
                   │ 市场的竞争状况
高  市场风险       ┤ 市场信息的掌握程度
新                 │ 客户需求的认知程度
技                 └ 客户关系维护能力
术
项                 ┌ 资金成本的不确定性
目                 │ 资金需求的不确定性
风  经济风险       ┤ 融资能力与条件的不确定性
险                 │ 经营效益与盈利能力的不确定性
预                 │ 资金保障和追加投资能力的不确定性
警                 └ 资金使用效果的不确定性
指
标                 ┌ 人力资源结构与项目要求的匹配程度
体                 │ 项目经理的能力
系                 │ 核心成员外流的可能性
    管理风险       ┤ 项目团队成员团结与协调状况
                   │ 知识产权保护能力
                   │ 沟通效果
                   │ 激励机制
                   └ 组织学习能力

    环境风险       ┬ 政策的多变性
                   └ 宏观经济的波动性
```

图 3.7　高新技术项目风险预警指标体系

第4章 基于LVQ-RBF的改进型神经网络高新技术项目风险预警模型研究

高新技术项目是一个高度复杂、开放的动态系统,高新技术项目风险具有显著的不确定性和条件性。因此,应采用适当的方法来对高新技术项目的风险情况进行科学的监测和客观的测度。

通过对现有风险预警方法的对比研究,本书采用神经网络理论作为高新技术项目风险预警系统建模的理论基础。人工神经网络方法具有模糊性、高度的并行性、高度的非线性与全局性、良好的鲁棒容错性与联想记忆功能、良好的自适应与自学习能力等特点,对于处理高新技术项目风险预警这样的具有多种复杂因素,包含非结构化、非精确性规律的非线性系统问题是十分适合的。因此,本书提出了基于LVQ-RBF的改进型神经网络高新技术项目风险预警模型。

4.1 现有风险预警方法研究及剖析

目前,风险预警的理论研究主要集中在自然灾害风险预警、宏观经济风险预警和财务风险预警领域,应用的预警方法主要分为定量、定性以及综合研究3种。下面主要对现有风险预警方法的原理及其在解决高新技术项目风险预警问题时的局限性进行分析。

1. 层次分析法及其局限性分析

(1) 层次分析法的原理

层次分析法(Analytic Hierarchy Process,AHP)是20世纪70年代由美国运

筹学专家 Thomas L. Satty 提出的。其基本思路是：先把问题层次化，根据问题的性质和要达到的总目标，将问题分解为不同的组成因素，根据组成因素间的相互影响及隶属关系将其按不同层次聚集组合，形成一个多层次的分析结构模型，并最终把分析归结为最低层（供决策的方法、措施等）相对于最高层（总目标）重要性权值的确定或优劣次序的排序问题。它的显著特点在于将判断矩阵最大特征根所对应的归一化特征向量作为排序权值。

图 4.1 所示为应用层次分析法进行高新技术项目风险分析的过程，该过程共有 10 个步骤。

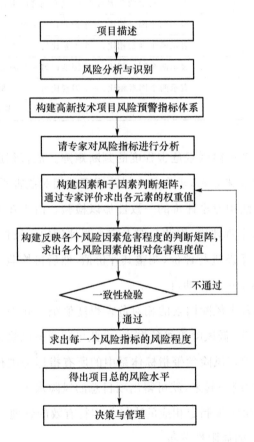

图 4.1　应用层次分析法进行高新技术项目风险分析的过程

① 对具体的高新技术项目进行描述。

② 对具体的高新技术项目进行风险分析和识别，常用的方法是专家调查法，如德尔菲法等。

③ 构建高新技术项目风险预警指标体系。

④ 利用高新技术项目风险预警指标体系,从整体上把握项目的各种风险,并请专家对每一个风险指标进行分析。

⑤ 构建风险因素和子因素的判断矩阵,请专家按照表4.1所示的评价准则对因素层和子因素层间各元素的相对重要性给出评价,求出各元素的权重值。

表4.1 层次分析法的评价准则

标度	含义
1	表示两个因素相比,具有同样的重要性
3	表示两个因素相比,一个因素比另一个因素稍微重要
5	表示两个因素相比,一个因素比另一个因素明显重要
7	表示两个因素相比,一个因素比另一个因素强烈重要
9	表示两个因素相比,一个因素比另一个因素极端重要
2、4、6、8	表示两个因素相比的结果处于以上结果的中间

⑥ 构建反映各个风险因素危害程度的判断矩阵。危害程度通常用高风险、中风险、低风险3个概念来表示,求出各个风险因素的相对危害程度值。

⑦ 对层次分析法中专家评价的一致性加以检验。由于在第④步中,采用的是专家凭经验、直觉的主观评价,因此要对专家主观评价的一致性加以检验。若检验不通过,就要让专家重新进行评价,调整其评价值,然后再检验,直至通过。一般来说,一致性检验率不超过0.1即可。

⑧ 把所求出的各个风险因素的相对危害程度值统一起来,就可求出该风险指标处于高风险、中风险、低风险等级的概率,由此可判断该风险指标的风险程度。

⑨ 对高新技术项目风险预警指标体系中的所有指标都进行上述分析评价,并把各层次的风险程度统一起来,就可得出项目总的风险水平。

⑩ 根据分析评价结果制定相应的决策并实行有效的管理。

(2) 层次分析法的局限性分析

层次分析法作为一种多准则的决策方法,由于自身的实用性、系统性、简洁性等优点,在实践中已经取得了一定的成效。但是,采用层次分析法来解决高新技术项目风险预警问题,仍存在以下不足。

首先,在构建高新技术项目风险预警模型的问题上,层次分析法以群体专家的主观评价为基础,具有明显的主观性。而且,专家系统的权衡分析往往是一个模糊处理的过程,层次分析法相对缺乏处理模糊问题的能力。

其次,在处理群体专家主观评价问题时,没有剔除个别偏差大的专家意见,而使结果出现较大的失真,这样往往会因为一两个偏差较大的专家意见而使最后的综合权重面目全非。

再次,传统的层次分析法在计算综合权重时,只将各专家意见进行算术平均,不符合多数原则,结果更易出现较大的离散性。

最后,采用层次分析法对高新技术项目风险进行判断会出现极端的特征值,影响最终结果的准确性。

2. 蒙特卡洛法及其局限性分析

(1) 蒙特卡洛法的原理

蒙特卡洛法又称随机抽样技巧或统计试验方法,是一种通过随机模拟和统计试验求解问题近似解的数值方法。蒙特卡洛法的原理是利用一个随机数发生器来模拟实际可能发生的事件,因其产生随机数的原理类似于西方赌场中的轮盘赌,所以人们就采用了著名赌城蒙特卡洛的名字为该方法命名。蒙特卡洛法的主要特点在于对随机问题的分析与求解。之所以将蒙特卡洛法应用于高新技术项目风险预警领域,主要是因为高新技术项目具有不确定因素较多、风险较大、风险因素波动性较强等特点。蒙特卡洛法有助于求解风险预警过程中不确定随机因素的变动问题。

应用蒙特卡洛法进行高新技术项目风险分析的基本步骤如下。

① 编制风险清单。通过结构化方式,将已辨识出的对于高新技术项目目标具有重要影响的风险因素编制成一份标准化的风险清单,这份清单能充分反映风险分类的结构性和层次性。

② 制定风险评价表。采用专家调查法确定风险因素的风险程度和发生概率,制定风险评价表。

③ 采用模拟技术,确定风险组合。这一步就是要对上一步的专家评价结果进行量化。在对专家评价结果的统计评价中,关联量增加较快,这样就对完整、准确的计算提出了挑战。因此,可采用模拟技术获取专家调查数据,通过迭代计算进行验证,确定风险组合。

④ 分析与总结。应用模拟技术得到项目总风险的概率分布曲线,从该曲线可

以看出项目总风险的变化规律,据此确定风险成本的大小。

(2) 蒙特卡洛法的局限性分析

应用蒙特卡洛法可以直接处理每一个风险因素的不确定性,并把这种不确定性在成本方面的影响以概率分布的形式表现出来。可见,它是一种多元素变化方法,在该方法中所有的元素都同时受风险因素不确定性的影响,由此克服了受一维元素变化影响的局限性。另外,采用蒙特卡洛法时,可以使用计算机来对模拟过程进行处理,大大节约了时间。

采用蒙特卡洛法解决高新技术项目风险预警问题的不足之处主要体现在以下方面。

第一,蒙特卡洛法对已知条件的要求比较苛刻,需要的数据较多,对精确度的要求也较高,但在许多情况下,一些重要参数的误差及其分布规律只有通过大量试验才能统计得出。对于高新技术项目来说,输入参数不足,数据较少,采用蒙特卡洛法无法获得准确的概率密度分布,也无法构造不确定参数的概率密度函数,从而导致风险预警结果具有不准确性。

第二,使用蒙特卡洛法时,为了得到输出参数的准确概率密度分布,需要进行大量的计算,特别是当输入参数较多时,这种计算耗时过长,而对时效性要求较高的高新技术项目风险预警问题往往更强调在有限的时间内对风险状况进行分析。

所以,尽管蒙特卡洛法在处理不确定性问题时不需复杂的数学手段,但它需要构造不确定参数的概率密度函数,并且计算过程过于烦琐,这限制了其在高新技术项目风险预警领域的应用。

3. 主观估计法及其局限性分析

(1) 主观估计法的原理

主观估计法就是根据主观概率对风险情况进行估计的一种方法。根据对某事件是否发生的个人观点,取一个0到1之间的数值来描述事件发生的可能性和事件发生所带来的后果,此数值称为主观概率。直觉判断是主观估计的一种方式,常表现为某个人对风险事件发生的概率和带来的后果做出迅速的判断。主观估计是对隐性信息的主观判断,比对客观全面的显性信息的判断所需的信息量要少。对风险进行估计的主观方式有前推式、后推式和旁推式。前推式是指根据历史的经验和数据推断出事件发生的概率及带来的后果。例如,在进行一种新型软件研发时,人们往往会根据以往类型相似软件的研发情况和相关历史数据,对新型软件研发过程中的风险问题进行推测。后推式是指当没有历史数据可供使用时,常把想象的未知事件及其后果与某一相关的已知事件及其后果联系起来,即对未来的风险事件用有数据可查的风险事件进行推算。例如,在进行生物技术项目的开发时,若无历史数据,则可根据该项目的指标要求、试验或设计条件要求等数据进行风险估计。旁推式是利用性质类似或数据可借鉴的其他情况进行外推的方法。例如,用军用武器的有关风险数据外推民用航空的风险问题,以及采用"试点""由点到面"的方法等,都是旁推式的例子。主观估计虽然是由专家或风险决策人员利用较少的统计信息做出的估计,但仍是在个人或集体合理判断的基础上,加上一定的信息、经验和科学分析得出的。

(2)主观估计法的局限性分析

主观估计法适用于可用资料严重不足或根本无可用资料的情况,对于那些不能进行多次试验的项目,主观估计法常常是一种可行的办法。但采用主观估计法来解决高新技术项目风险预警问题存在以下局限性。

第一,主观估计法最大的缺陷在于较多地依赖主观判断来进行风险分析,这往往会导致风险判定的非客观性,同时这种方法对使用者的要求极高,要求参与的专家或风险技术人员对项目本身及其各阶段的风险有全面的了解。

第二,主观估计法虽然在不需要大量历史信息的条件下具有较快的风险决策速度,但是也极易出现偏差,即主观风险较大,所以一般需要多专家人次、多循环次数地对风险进行估计,这给风险预警系统的大范围普遍应用及推广带来了一定的难度。

4. 贝叶斯方法及其局限性分析

(1)贝叶斯方法的原理

Thomas Bayes 是 18 世纪英国的一位著名的数学家、神职人员和逻辑学家。他发展了一个用于确定概率的方法,使带有主观经验性的知识信息被用于统计推断和决策。当未来决策因素不完全确定时,必须利用所有能够获得的信息——样本信息和先于样本的所有信息,包括来自经验、直觉、判断的主观信息,来减少未来事物的不确定性,这就是贝叶斯方法的原理。

贝叶斯公式又称为贝叶斯定理表达式。设 n 个事件 $B_1, B_2, \cdots, B_n$ 是一组互

斥的完备事件集,即所有的事件互不相容,并且

$$\sum_{i=1}^{n} B_i = \Omega$$

又设 $P(B_i)>0$,则对任意事件 A,$P(A)>0$,由条件概率的定义可以推导出以下公式:

$$P(B_i|A) = \frac{P(B_iA)}{P(A)} = \frac{P(A|B_i) \times P(B_i)}{P(A)} = \frac{P(A|B_i) \times P(B_i)}{\sum_{i=1}^{n} P(A|B_i) \times P(B_i)}$$

式中:$P(B_i)$是先于采样的概率,即在实验前就获得的概率,称为先验概率;$P(B_i|A)$是待求概率,它表示在事件 A 发生的条件下,事件 B_i 发生的概率,由于它发生在实验后,所以称为后验概率。贝叶斯定理的实质就是根据先验概率和与先验概率相关的条件概率,推算出所产生后果的某种原因的后验概率。

应用贝叶斯方法时,首先要确定被评估的风险事件和引起风险事件发生的所有风险因素,并使各风险因素互不相关,然后确定先验概率和条件概率,利用贝叶斯公式计算各种风险因素对风险事件的影响程度,最后对所有风险因素进行分析和评估。

贝叶斯方法适用于由众多风险因素引起的风险事件,并且各种风险因素发生的概率和在每个风险因素条件下风险事件发生的概率均可以确定的情况。

(2) 贝叶斯方法的局限性分析

将贝叶斯方法用于解决高新技术项目风险预警问题,可在高新技术项目众多的风险因素中抓住主要因素,提高风险分析的效率,但确定高新技术项目风险的先验概率和条件概率的难度较大,甚至是无法确定的,这使贝叶斯方法在高新技术项目风险预警领域的应用受到了极大的限制。

5. 模糊分析法及其局限性分析

(1) 模糊分析法的原理

在现实中,许多不确定性因素的性质和活动无法用数字来定量地描述,并且其结果也是含糊不清的,无法用单一的准则来判断,模糊分析法有效地解决了这一问题。模糊分析法从二值逻辑的基础上转移到连续逻辑上来,把绝对的"是"与"非"变为更加灵活的东西,相对地去划分"是"与"非",这并非放弃严格性去造就模糊

性，而是以严格的数学方法去处理模糊现象。

模糊分析法的优势在于它为现实世界中普遍存在的模糊、不清晰的问题提供了一种充分的概念化结构，并以数学语言去分析和解决这样的问题。模糊分析法特别适合用于处理那些模糊、难以定义、难以用数字描述而易于用语言描述的变量。正因为这种特殊性，模糊分析法已广泛应用于各种经济评价中。高新技术项目中潜在的各种风险因素有很大一部分都难以用数字来进行定量描述，但都可以利用历史经验或专家知识，用语言生动地描述它们的性质及可能的影响结果。现有的绝大多数风险分析模型都是基于定量技术的，而与风险评估相关的大部分信息都是很难用数字表示却易于用文字来描述的，在这种情况下，最适合采用模糊分析法来解决问题。模糊分析法在处理非数字化、模糊意义的变量方面具有独到之处，能提供合理的数学规则去解决变量问题，且能通过一定的方法用语言描述得到的数学结果。

风险具有不确定性，而不确定性常常是模糊的，所以模糊分析法普遍适用于各种风险的评估和分析。在风险预警中经常用到的是模糊综合评价方法，该方法先通过确定模糊集合和模糊关系，确定集合中各元素对应模糊关系的隶属度，再运用模糊运算确定被评估对象的程度大小。

（2）模糊分析法的局限性分析

模糊分析法为模糊、不清晰的问题提供了一种充分的概念化结构，并用数学方法去分析和解决它们，使它们可以被量化处理，从而使风险分析更加科学和准确。但采用模糊分析法来解决高新技术项目风险预警问题仍存在以下局限性。

第一，模糊分析法本身无法解决风险指标相关造成的信息重复问题，因此在进行模糊综合评价前，要对风险指标进行预处理，将相关程度较大的指标删去，以提高评价结果的准确性。

第二，在模糊综合评价中，风险指标权重不是在综合评价过程中生成的，而是人为确定的。人为确定权重具有较大的灵活性，但能否充分反映客观实际，需要项目管理者很好地加以把握。

第三，模糊集合中各元素对应模糊关系的隶属度仍然需要通过专家经验进行确定，具有较大的主观性。

表 4.2　项目风险预警方法比较分析

方法	特点	局限性	适用范围
层次分析法	是一种多准则的决策方法,使问题层次化,将判断矩阵最大特征根所对应的归一化特征向量作为排序权值,具有实用性、系统性和简洁性等优点	主观性强;对专家意见的处理没有考虑特殊偏差的情况,从而使结果出现较大的失真;结果更易出现较大的离散性;会出现极端的特征值,导致结果的准确性较差	适用于项目过程相对简单、复杂性较低的系统的分析
蒙特卡洛法	可以直接处理每一个风险因素的不确定性,并把这种不确定性在成本方面的影响以概率分布的形式表现出来,是一种多元素变化方法,克服了受一维元素变化影响的局限性,使风险分析更加合理和准确	对已知条件的要求比较苛刻,需要的数据较多,对精确度的要求也较高,并需要构造不确定参数的概率密度函数,计算过程耗时过长	适用于具有多风险因素的风险事件的评估,尤其适用于在大型系统的风险管理
主观估计法	是对隐性信息的主观判断,所需信息量少	较多地依赖主观判断来进行风险分析,这往往会导致风险判定的非客观性;这种方法对使用者的要求极高,要求参与的专家或风险技术人员对项目本身及其各阶段的风险有全面的了解;极易出现偏差,不利于大范围普遍应用及推广	适用于可用资料不足或根本无可用资料的情况,尤其适用于不能进行多次试验的项目
贝叶斯方法	可在众多的风险因素中抓住主要因素,提高风险分析的效率	确定先验概率和条件概率的难度较大,甚至无法确定	适用于由众多风险因素引起的风险事件,并且各种风险因素发生的概率和在每个风险因素条件下风险事件发生的概率均可以确定的情况
模糊分析法	对模糊问题进行量化处理,使风险分析更加科学和准确	无法解决风险指标相关造成的信息重复问题;风险指标权重的确定具有主观性;模糊集合中各元素对应模糊关系的隶属度仍然需要根据专家经验来确定	适用于处理具有模糊性、难以定义、难以用数字描述的风险变量

4.2 人工神经网络的特点及局限性

4.2.1 人工神经网络的特点

人工神经网络(Artificial Neural Network,ANN)是20世纪80年代中后期在世界范围内兴起的一个前沿研究领域。人工神经网络又称连接机制模型(Connectionism Model)或并行分布处理模型(Parallel Distributed Processing Model),是由大量简单元件广泛连接而成的,对大脑神经网络系统结构、机理和功能进行模拟的复杂网络系统。

由人脑神经网络的活动机理可知,人脑的神经系统是由神经元构成的三维有序结构网络。神经元不仅是组成大脑的基本单元,也是大脑进行信息处理的基础元件。神经元之间紧密接触,通过激发脉冲的形式实现信息的传递。同样,只有把人工神经元按一定规则连接成网络,并让网络中各神经元的连接权按一定的规则变化,才能实现对输入模式的学习与识别。

人工神经网络的信息处理功能是由网络单元的输入输出特征(即激活特征)和网络的拓扑结构(即神经元的连接方式)决定的。通过寻找输入、输出数据之间的关系,人工神经网络实现了特征提取和统计分类等功能。人工神经网络对问题的求解方式与传统方式不同,它是通过训练来对问题进行求解的。把同一系列的样本输入和理想的输出作为训练的"样本",根据一定的训练算法对人工神经网络进行足够的训练,使得人工神经网络能够学会包含在"解"中的基本原理,训练完成后即可用它来求解相同类型的问题。作为研究复杂性问题的有力工具,人工神经网络克服了传统分析过程的复杂性,即选择适当模型函数形式的困难,是一种自然的非线性的建模过程,无须分析存在何种非线性关系,给建模与分析带来极大的方便。图4.2为神经网络层次结构图。

利用人工神经网络构建高新技术项目风险预警模型,具有以下优势及特点。

第一,人工神经网络可以逼近所有的连续非线性函数,这就意味着人工神经网络能自动地逼近那些能最佳刻画样本数据规律的函数,而无论这些函数具有怎样的形式。目标函数越复杂,人工神经网络的这种特征就越明显。因此,人工神经网络适用于解决具有高度复杂性的高新技术项目风险预警问题。

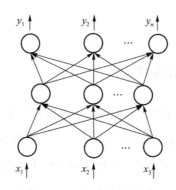

图 4.2　神经网络层次结构图

第二,人工神经网络本身是非线性的。人工神经网络不仅能很好地估计非线性函数,而且能处理数据中去掉了线性部分后残差的非线性因素,同时通过使用一个或多个隐层神经元,人工神经网络能自动地分割样本空间,并在不同的子空间建立不同的函数,所以人工神经网络具有建立非线性模型的能力。高新技术项目风险预警系统是一种典型的非线性系统,人工神经网络可以对其进行规则提取和自动拟合。因此,人工神经网络为解决高新技术项目风险预警问题提供了可行前提和理论基础。

第三,人工神经网络具有并行处理的特点。它采用了并行、分布的方式存储和处理信息,具有很强的容错能力,可以很好地处理高新技术项目样本数据。

第四,人工神经网络具有很强的自学习和自适应能力。人工神经网络不仅可以通过在线或离线的训练实现对给定样本集合的逼近,而且可以递进地接收新数据进行学习并相应地调整网络参数。

第五,模型的收敛速度不依赖风险预警指标的维数,只与人工神经网络本身及其所采用的学习算法有关,而传统的风险预警方法随模型参数维数的增大变得很复杂。

第六,人工神经网络便于多信息融合。它可以同时综合定量和定性的信息,能方便地处理多输入多输出的高新技术项目风险预警问题。

本书将人工神经网络用于处理高新技术项目风险预警问题,一方面利用其映射能力,另一方面利用其泛化能力,即在经过一定数量的带噪声样本训练之后,人工神经网络可以抽取样本所隐含的特征关系,对新情况下的数据进行推断并确定其属性。

4.2.2 人工神经网络的局限性

在解决风险预警问题时,人工神经网络一般采用的是基于反向传播(Back Propagation,BP)算法的前向多层感知器网络模型,BP算法虽然具有很强的信息处理能力,能够解决模式分类、函数映射及其他模式分析问题,但感知器网络权重初始化的随机性使其难以根据风险的实际情况确定一组较好的初始值,并且 BP 算法学习收敛速度较慢,容易陷入局部最小问题,这极大地限制了人工神经网络在风险预警中的实际应用。

人工神经网络的局限性具体体现在以下几个方面。

第一,人工神经网络采用了基于梯度下降的非线性优化策略,有可能陷入局部最小问题,不能保证求出全局最小值。

第二,人工神经网络的学习速率是固定的,因此其收敛速度慢,需要较长的训练时间,且收敛速度与初始权值的选取有关,对一些复杂的问题,BP 算法的训练时间可能会非常长。

第三,人工神经网络对异常类样本的处理能力差,且不具备渐进学习功能,解决问题的能力完全依赖样本,这增加了样本搜集的负担。

第四,人工神经网络的学习和记忆能力具有不稳定性。也就是说,如果增加了学习样本,训练好的人工神经网络就需要重新训练,它对于以前的权值和阈值是没有记忆的。

4.3 基于 LVQ-RBF 的改进型神经网络模型的理论基础及优势

构建一个解决高新技术项目风险预警问题的神经网络模型具有很高的复杂度,需要不断地训练网络、调整网络拓扑结构和参数。为使神经网络模型具有较高的函数逼近精度或模式分类的准确性,神经网络必须具有足够数目的隐层神经元,具备较强的特征抽取能力，这使得神经网络训练过程要估计的参数（权重）的数量、神经网络的训练时间和所需的存储空间都相应地增多，并且当隐层神经元数目较多时，还会出现训练过程容易陷入局部最小问题或过度拟合等。同时，当高新技术项目风险的维度和类别增加时，神经网络的训练时间将呈指数级增长。这些都是神经网络应用过程中面临的主要问题。

为了更好地解决高新技术项目风险预警问题，根据神经网络原理，本书提出了基于 LVQ-RBF 的改进型神经网络高新技术项目风险预警模型（简称 LVQ-RBF 模型）。该模型不仅具有较强的系统特征抽取能力，还可以逼近任意的非线性映射关系，具有较快的收敛速度。

本节主要对该模型的理论基础及优势进行阐述和分析。

4.3.1 理论基础

1. LVQ 网络

（1）LVQ 网络的主要特点

LVQ(Learning Vector Quantization)网络即学习矢量量化网络，是一种具有自组织特征的竞争神经网络，具有算法简单、模块化强、训练时间少、便于实现、泛化性能好等优点。该网络中邻近的各个神经元能够通过彼此侧向交互作用相互竞争，自适应发展成检测不同信号的特殊监测器。LVQ 网络的特点主要有以下几个。

第一，LVQ 网络能够通过寻找输入、输出数据之间的关系来完成特征提取和统计分类等模式识别任务；同时，基于其自组织特征映射的特点，其对数据分析的聚类效果更加显著，解决了反向传播神经网络由于采用基于梯度下降的非线性优化策略而有可能陷入局部最小导致不能保证求出全局最小值的问题，使模拟识别过程更加完善。

第二，LVQ 网络可以实时学习，具有稳定性，无须外界给出评价函数，能够主动识别向量空间最有意义的特征，抗噪声能力强。

第三，LVQ 网络具有较快的学习速度。较之反向传播神经网络，LVQ 网络的学习速度大大提高，有利于更加快捷和方便地得到分类结果，在这一点上，其具有相当广阔的应用前景。

第四,LVQ 网络不需要将输入矢量进行正交化,只需要直接计算输入向量与竞争层之间的距离,就可以实现模式识别,因此简单易用。

(2) LVQ 网络的结构及原理

LVQ 网络的基本思想是在给定初始典型样本(量化矢量)的基础上,使用有类别属性的样本,通过自监督自适应学习的方法来校正这些初始典型样本,在若干次迭代后,所形成的样本就反映了模型的统计分布。

LVQ 网络是一种结合监督式与非监督式的混合网络架构。有监督的学习是指该网络需要通过人工监督来完成训练过程;无监督的学习则是指当该网络训练完成后,在一个待判断输入矢量到来时自动对未知矢量进行分类的学习过程。

LVQ 网络亦是一种对数据集进行模式分类的神经网络,并通常被应用于图像处理、语音识别和数据压缩等方面。LVQ 网络是一个自组织"最邻近"分类器,它将一个输入模式划分为事先已确定的几个模式中的一个。LVQ 网络是在监督状态下对竞争层进行训练的一种学习算法。竞争层将自动学习对输入矢量进行分类,这种分类的结果仅仅依赖输入矢量与权矢量之间的距离。如果两个矢量的距离特别近,竞争层就把它们分在同一类中。

LVQ 网络的结构如图 4.3 所示。

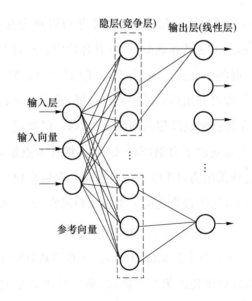

图 4.3 LVQ 网络的结构

LVQ 网络由三层神经元组成,第一层是输入层,第二层是隐层(竞争层),第三层是输出层(线性层)。隐层中获胜的神经元表示一个子类;输出层起到"或"的作用,将若干个子类组合成一个类。其分类机理是:通过竞争使所有输入模式样本按类别的分布特征在输出端进行聚类,等价于把输入样本空间划分成多个不相交的几何区域,且这些几何区域能填满整个输入样本空间。

LVQ 网络在输入层与隐层间为完全连接,而在隐层与输出层间为部分连接,每个输出神经元与隐层神经元的不同组相连接,隐层—输出神经元间的连接权系数固定为 1,输入—隐层神经元间的连接权系数建立参考矢量的分量(对每个隐层神经元指定一个参考矢量),在网络训练过程中,这些权系数被修改。隐层神经元和输出神经元都具有二进制输出值,当某个输入模式送至网络时,参考矢量最接近输入模式的隐层神经元因获得激发而赢得竞争,因而允许它产生一个"1",其他隐层神经元都被迫产生"0",与包含获胜神经元的隐层神经元组相连接的输出神经元也输出"1",而其他输出神经元均输出"0",产生"1"的输出神经元给出输入模式的类。

需要强调的是,在学习矢量量化中输出神经元被预先指定了类别,输出神经元被分为 M 组就代表 M 种类别,每个神经元所代表的类别在网络训练前就被指定了。

在 LVQ 网络中,N 维输入向量的训练样本集可以视为在一个 N 维空间的样本点,而一个类别样本点可能散布成数群,各有各的中心点,LVQ 网络即借着样本点来估计各类别中各群的中心点位置,并将其正确地对应到所属的类别中。在训练完成后的应用阶段,即可利用各群的中心点位置,进行正确的分类动作。

LVQ 网络可看作具有两层隐层的网络结构,第一层隐层属于非监督式的竞争层,每个神经元为一个独立的子类别(Subclass)。把样本点输入竞争层中,计算样本点与各子类别间的欧氏距离,LVQ 网络根据输入向量和权系数向量的最小欧氏距离选择获胜的神经元,找出最合适的子类别来归属它,如下式所示:

$$d(x,m_c)=\min_i\{d(x,m_i)\}$$

其中,$d(x,m_i)$ 为样本点 x 与子类别的距离,m_c 为竞争获胜的子类别。

将竞争层优胜者的资讯传入第二层隐层,做监督式的分类动作。第二层隐层的权系数为固定值,将优胜者资讯传入后,LVQ 网络即会产生分类结果正确或错误的结论,根据分类结果,适当地修正隐层的网络权系数,以找寻正确的中心点位置。如果分类正确,获胜神经元的权系数向量朝输入向量的方向移动,否则其向相反的方向移动。

2. RBF 网络

RBF(Radial Basis Function)网络即径向基函数网络,是一种将输入矢量扩展或者预处理到高维空间中的前向网络。RBF 网络的产生具有很强的生物学背景。正是基于人脑局部调节及交叠的感受域这一人脑反应的特点提出了 RBF 网络这种新的神经元网络结构。同时,RBF 又是一种多变量、正规化的径向基插值函数。因此,RBF 网络既有生物学背景,又与函数逼近理论相吻合,适用于多变量函数的逼近,只要中心点选择得当,只需很少的神经元就可获得很好的逼近效果,而且它还有唯一最佳逼近点的优点。RBF 网络的连接权与输出呈线性关系,这使其可采用线性优化算法保证全局收敛,无局部最小问题存在,并且运算速度很快。RBF 网络是一种典型的局部逼近网络,它在逼近能力、分析能力和学习速度等方面均具有一定的优势。

(1) RBF 网络的主要特点

从函数逼近功能角度来讲,神经网络可分为全局逼近神经网络和局部逼近神经网络。RBF 网络是一种典型的局部逼近神经网络,对于每个输入输出数据组来讲,只有少量的权值需要调整,这使 RBF 网络具有学习收敛速度快的优点,对于数据较多的情况非常适用。RBF 网络是一类特殊的三层神经网络,主要具有以下特点。

第一,RBF 网络以坚实的数学基础为依托,无须假设学习的近似函数形式,即可对数据进行拟合,逼近任意的非线性函数,以网络参数之间的高度非线性精确地预测非线性问题,处理系统内在的难以解析的规律性,同时具有极快的学习收敛速度。

第二,RBF 网络能更好地应对网络参数之间的高度非线性关系,而不会陷入局部最小问题,能用于高维空间的内插和外推。

第三,隐层功能函数的特点决定了 RBF 网络较其他多层前向神经网络而言,更适合于解决高维问题,在维数相同的情况下,所需隐层节点数目较少。

第四,RBF 网络具有很强的鲁棒性和容错性,善于联想、概括、类比和推理,任何局部的损伤都不会影响整体的结果。

第五,RBF 网络具有很强的自学习能力,可在学习过程中不断完善自己,具有创新性。

(2) RBF 网络的结构及原理

RBF 网络是一种三层前向网络,其结构如图 4.4 所示。第一层是输入层,由信号源节点 $x_i(i=1,2,\cdots,m)$ 组成;第二层是隐层,其节点基函数是一种局部分布、对中心径向对称衰减的非负非线性函数,它对网络的输入做出直接非线性映射,隐层节点的多少视具体问题而定;第三层为输出层,对输入模式的作用做出响应,神经元采用线性传递函数,它对隐层的输出采用加权线性求和的映射模式,使得网络的收敛速度很快。从输入层空间到隐层空间的变换是非线性的,而从隐层空间到输出层空间的变换是线性的。RBF 网络的这种结构可以降低网络权值计算的复杂性,加速学习过程。

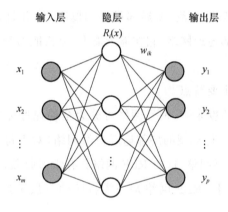

图 4.4 RBF 网络的结构

根据对 RBF 网络结构的分析可知,RBF 网络的基本原理是:用径向基函数作为隐单元的"基"构成隐层空间,这样就将输入矢量直接(而不通过权连接)映射到隐层空间,在明确径向基函数的中心点之后,也就确定了相应的映射关系。其中,隐层空间到输出层空间的映射是线性的,即网络的输出是隐层单元输出的线性加权和。

最常用的径向基函数是高斯函数:

$$\boldsymbol{R}_i(\boldsymbol{x}) = \exp\left[-\frac{\|\boldsymbol{x}-\boldsymbol{x}_i\|^2}{2\boldsymbol{\sigma}_i^2}\right], \quad i=1,2,\cdots,m \tag{4.1}$$

其中:$\boldsymbol{x}$ 是 n 维输入向量;$\boldsymbol{x}_i$ 是第 i 个基函数的中心点,是与 $\boldsymbol{x}$ 具有相同维数的向量;$\boldsymbol{\sigma}_i$ 是第 i 个感知的变量(高斯函数宽度向量),它决定了该基函数围绕中心点的

宽度；m 是感知单元的个数（高斯函数宽度向量），它决定了该基函数围绕中心点的宽度；$\|x-x_i\|$ 是向量 $x-x_i$ 的范数，它表示 x 和 x_i 之间的距离。$R_i(x)$ 在 x_i 处有一个唯一的最大值，随着 $\|x-x_i\|$ 的增大，$R_i(x)$ 迅速衰减到零。对于给定的输入 $x \in \mathbf{R}^n$，只有一小部分靠近 x 的中心点被激活。

从图 4.4 可以看出，输入层实现了从 x 到 $R_i(x)$ 的非线性映射，输出层实现了从 $R_i(x)$ 到 y_k 的线性映射，即

$$y_k = \sum_{i=1}^{m} w_{ik} R_i(x), \quad k=1,2,\cdots,p \tag{4.2}$$

其中，p 是输出层节点数；w_{ik} 是隐层与输出层的连接权值；i 是隐层节点；k 是输出层节点。

图 4.5 为径向基函数的特征曲线，可以看到，当输入矢量与中心点的距离减小时，径向基函数的输出增大；当输入矢量与中心点的距离为零时，径向基函数的输出为 1。因此，径向基函数扮演了信号检测器的角色，阈值 b 可调节径向基函数神经元的敏感程度。$R_i(x)$ 为高斯函数，对于任意 x 均有 $R_i(x) > 0$，但当 x 远离 x_i 时，$R_i(x)$ 已经非常小，可作为 0 对待，因此可以规定只有当 $R_i(x)$ 大于某一数值时，才对相应的权值 w_{ik} 进行修改，经过这样处理后的高斯 RBF 网络也同样具备其他局部逼近网络学习收敛速度快的优点。

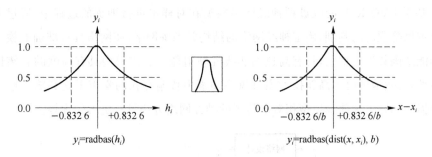

图 4.5　径向基函数的特征曲线

4.3.2　优势

本书所提出的基于 LVQ-RBF 的改进型神经网络模型具有以下优势。

1. 网络结构方面

通过构建基于 LVQ-RBF 的改进型神经网络模型，将 LVQ 网络及 RBF 网络

的优势相结合,目的在于优化网络结构,增强整个系统的性能,提高网络效率,增加识别信息的可用量,减少信息的不确定性,提高整个系统的精度和鲁棒性,以实现高新技术项目风险预警系统的整体功能。

本书所提出的基于 LVQ-RBF 的改进型神经网络模型是将神经网络中的 LVQ 网络及 RBF 网络作为其结构基础并加以改进的,侧重于 LVQ 的分类功能以及 RBF 的数据拟合处理功能,通过结合这些功能,达到提高整个高新技术项目风险预警系统性能的目的。图 4.6 为基于 LVQ-RBF 的改进型神经网络模型的结构框图。其中,LVQ 分类器具有自组织特征,通过网络中邻近的各个神经元彼此侧向交互作用,相互竞争,自适应发展成检测不同信号的特殊监测器。LVQ 网络的特点在于能够处理多维非线性的,甚至是含噪的数据,这为实现高新技术项目风险预警系统的实时性、准确性和快速响应性奠定了基础。LVQ 分类器能够将高新技术项目风险预警样本按照风险后果的不同划分为不同的风险等级模式,从而确定样本的分类结果。而 RBF 网络具有局部逼近的特点,无须假设学习近似函数,即可对数据进行拟合,逼近任意的非线性函数,以网络参数之间的高度非线性精确地预测非线性问题,处理系统内在的难以解析的规律性,同时具有极快的学习收敛速度。RBF 处理器(即改进的 RBF 网络)能够对 LVQ 分类器输出的分类结果进行进一步的精确拟合,确定风险预警结果的具体程度。

基于 LVQ-RBF 的改进型神经网络模型在对样本进行训练的过程中,通过对项目样本风险程度的判别,确定神经网络的结构并训练网络,使网络具有准确的模式分类功能及函数逼近精度,具有高速的非线性映射能力。该模型具有高度的容错性和鲁棒性,有效地解决了高新技术项目风险预警中普遍存在的噪声干扰和输入模式的部分损失问题。这使该模型相对于传统的神经网络方法具有更大的优势。

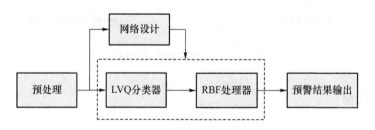

图 4.6 基于 LVQ-RBF 的改进型神经网络模型的结构框图

2. 隐层节点确定方面

隐层节点的选择是影响网络表现的重要因素,也是多层神经网络系统设计中的一个难点问题。若隐层节点数选取得过多,则会出现由网络参数过多造成的网络训练时间过长问题,使网络参数初值、训练样本的特性、外界干扰对网络的连接权值影响很大,网络收敛速度趋于缓慢甚至不收敛,同时,过多的网络训练容易发生过拟合现象,导致网络泛化能力降低;若隐层节点数选取得太少,则不能完全分类或实现函数逼近特性,造成网络的容错性能降低。因此,隐层节点数的选择是优化高新技术项目风险预警模型的一个关键问题,本书通过改进的神经网络自构形学习算法对已构建好的 LVQ 网络和 RBF 网络的隐层进行优化,进而解决隐层网络结构确定问题。

一般来说,波动次数多、幅度变化大的复杂非线性函数要求网络具有较多的节点来增强其映射能力。本书在构建网络模型、设定隐层节点问题上,没有采用目前普遍应用的利用公式或经验将隐层节点一次性固化的方法,而是基于神经网络优化算法的原理和非线性方程理论,提出了一种隐层节点的优化方法,建立了多层神经网络计算输入输出数据和理想输入输出数据关系的非线性方程组;在提出多层神经网络合理结构,即隐层层数和每个隐层单元数量选取的一般原则的基础上,通过选取比初始神经元数大的隐层节点数,逐步对隐层节点进行优化,并给出隐层结构定量求解的计算方法和优化设计方法,合并、删除冗余节点,缩小网络的规模,从而大幅提高其运算效率。

3. 学习算法方面

学习的目的是通过有限的样本训练找到隐含在样本背后的规律(如函数形式),通过学习获取知识并改进自身性能从而解决问题是神经网络的一个重要特点。在一般情况下,性能的改善是按某种预定的度量通过调节自身参数(如权值)随时间推移逐步实现的。在学习过程方面,本书所提出的改进型学习算法强调外部环境只对系统输出结果给出评价、奖励或惩罚,学习系统通过强化那些受奖励的动作来改善自身性能,从而形成强化学习过程。图 4.7 为强化学习过程示意图。

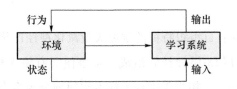

图 4.7 强化学习过程示意图

学习矢量量化算法是一种模块化的最近邻分类器设计方法,在训练过程中判断一个未知样本的类别时,通常依据计算该样本到各参考点的距离来判定其所属类别,因而如何利用训练样本数据确定合适的参考点位置是待解决的难点问题之一。

本书提出的改进型算法较好地解决了以上问题,该算法除了对最优匹配单元进行权值的更新之外,还对满足一定条件的次优神经元进行理性判断,从而解决了神经元充分利用的问题;对输入样本和部分竞争神经元的信息进行记忆处理,分析每次迭代计算所产生的距离数据,相对减少了计算量;同时在有监督的训练竞争层自动学习对输入矢量分类的过程中,减少了由输入矢量距离问题产生的误差。

4.4 基于 LVQ-RBF 的改进型神经网络高新技术项目风险预警模型的构建

4.4.1 LVQ-RBF 网络构建

1. 预处理

预处理的任务是对输入的信息进行预先的归一化处理,对高新技术项目风险数据进行数据转化,从而进一步满足网络结构的要求。对一维高新技术项目风险因素和风险后果指标数据作如下处理:

$$X_i = (a_i - a_{\min})/(a_{\max} - a_{\min}) \tag{4.3}$$

其中,$a_{\max}$ 和 $a_{\min}$ 为样本序列中的最小值和最大值。

变换后的数据确保了 X_i 序列的值在 0 到 1 之间,即实现了对指标数据的归一化处理。

2. LVQ 分类器

LVQ 分类器是具有自组织特征的学习矢量量化神经网络,由输入层、隐层(竞争层)和输出层(线性层)3 层神经元组成。竞争使所有输入模式样本按类别的分布特征在输出端进行聚类,相当于把输入样本空间划分为多个不相交的几何区域,并使这些几何区域能够分布到整个输入样本空间。在本书所提出的基于 LVQ-RBF 的改进型神经网络高新技术项目风险预警模型中,LVQ 分类器负责对数据进行聚类分析。根据高新技术项目的风险后果，将项目的风险程度分为高、中、低3个类别。

3. RBF 处理器

在对项目风险数据进行聚类分析之后，由于 LVQ 网络只能辨识项目风险的不同类别，而无法辨识具体的详细定量指标，因此需要对不同风险程度的项目分别构建 RBF 网络进行深入处理。RBF 处理器将 LVQ 网络所输出的分类结果进行进一步的精确拟合，得出具体的风险数值，解决了 LVQ 算法不能直接对风险结果进行精确定量化的问题，使辅助决策信息更加明确，同时提高了风险预警信息的精确度。

4. 预警结果输出

最后，根据基于 LVQ-RBF 的改进型神经网络高新技术项目风险预警模型的输出，得出最终的风险预警结果。

图 4.8 所示为基于 LVQ-RBF 的改进型神经网络高新技术项目风险预警模型的结构。

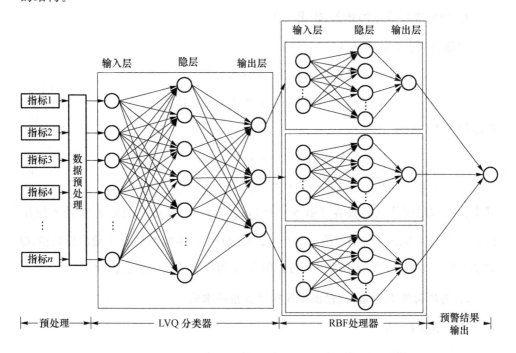

图 4.8 基于 LVQ-RBF 的改进型神经网络高新技术项目风险预警模型的结构

4.4.2 神经网络隐层结构分析及确定

神经网络模型具有广阔的应用前景,但在本书构建神经网络模型解决高新技术项目风险预警问题的研究中,存在的一个难点问题就是如何合理地确定隐层节点数,规模过小的网络对训练样本的学习较为困难;而若片面地追求网络的精度,选用较多的隐层节点数,则易造成隐层节点的"冗余"现象,既增加了网络的训练时间,也使得网络模型的泛化能力降低,导致非训练样本产生错误的预警结果。

所以本书在构建初始 RBF 网络时,选取了比初始神经元数大的隐层节点数,但此时构造好的网络结构并不是最优的,需要对隐层节点进行优化,删除或合并无用的冗余节点,缩小网络的规模,从而提高其运算效率。本书通过改进的神经网络自构形学习算法对已构造好的 RBF 网络的隐层进行优化,进而解决最终的隐层网络结构确定问题。具体步骤如下。

1. 确定隐层节点的输入、输出

设隐层节点 i 的输入为

$$\boldsymbol{X}_i = [x_1, x_2, x_3, \cdots, x_i]^\mathrm{T}$$
$$\boldsymbol{X}_i^{(p)} = [x_{i1}^{(p)}, x_{i2}^{(p)}, \cdots, x_{im}^{(p)}]^\mathrm{T}, \quad p = 1, 2, \cdots, Q \tag{4.4}$$

设隐层节点 i 的输出为

$$\boldsymbol{Y}_i = [y_1, y_2, y_3, \cdots, y_i]^\mathrm{T}$$
$$\boldsymbol{Y}_i^{(p)} = [y_{i1}^{(p)}, y_{i2}^{(p)}, \cdots, y_{in}^{(p)}]^\mathrm{T}, \quad p = 1, 2, \cdots, Q \tag{4.5}$$

其中:$x_{ik}^{(p)}$ 为隐层节点 i 在学习第 $p(p=1,2,\cdots,Q)$ 个样本时的第 k 个输入特征值;$y_{ik}^{(p)}$ 为隐层节点 i 在学习第 $p(p=1,2,\cdots,Q)$ 个样本时的第 k 个输出特征值;Q 为学习样本数目;m 为样本的输入特征值数;n 为样本的输出特征值数。

2. 将学习样本的输入、输出相连接建立新样本集

新样本集 U_i 为

$$\boldsymbol{U}_i^{(p)} = [u_{i1}^{(p)}, u_{i2}^{(p)}, \cdots, u_{im}^{(p)}, u_{i(m+1)}^{(p)}, u_{i(m+2)}^{(p)}, \cdots, u_{i(m+n)}^{(p)}]$$

其中:$U_i^{(p)}$ 为隐层节点 i 在学习第 $p(p=1,2,\cdots,Q)$ 个样本时的输入输出值。

3. 确定学习样本的平均输入输出

设 $\bar{X}_i$ 为节点 i 在学习所有的 Q 个样本后的平均输入：

$$\bar{X}_i = \frac{1}{Q}\sum_{p=1}^{Q} X_i^{(p)} = [\bar{x}_{i1}, \bar{x}_{i2}, \cdots, \bar{x}_{im}]^{\mathrm{T}} \tag{4.6}$$

设 $\bar{Y}_i$ 为节点 i 在学习所有的 Q 个样本后的平均输出：

$$\bar{Y}_i = \frac{1}{Q}\sum_{p=1}^{Q} Y_i^{(p)} = [\bar{y}_{i1}, \bar{y}_{i2}, \cdots, \bar{y}_{in}]^{\mathrm{T}} \tag{4.7}$$

设 $\bar{U}_i$ 为节点 i 在学习所有的 Q 个样本后的平均输入输出：

$$\bar{U}_i = \frac{1}{Q}\sum_{p=1}^{Q} U_i^{(p)} = [\bar{u}_{i1}, \bar{u}_{i2}, \cdots, \bar{u}_{im}, \bar{u}_{i(m+1)}, \bar{u}_{i(m+2)}, \cdots, \bar{u}_{i(m+n)}]^{\mathrm{T}} \tag{4.8}$$

4. 进行相关程度度量，确定相似系数和离散度

确定隐层节点 i 和 j 的相关性程度，即相关系数 R_{ij}：

$$R_{ij} = \frac{\left|\frac{1}{Q}\sum_{p=1}^{Q} U_i^{(p)} U_j^{(p)} - \bar{U}_i \bar{U}_j\right|}{\sqrt{\frac{1}{Q}\sum_{p=1}^{Q}[U_i^{(p)}]^2 - [\bar{U}_i]^2} \sqrt{\frac{1}{Q}\sum_{p=1}^{Q}[U_j^{(p)}]^2 - [\bar{U}_j]^2}} \tag{4.9}$$

隐层节点 i 的样本分散度 D_i 为

$$D_i = \frac{1}{Q}\sum_{p=1}^{Q}[U_i^{(p)}]^2 - [\bar{U}_i]^2 \tag{4.10}$$

若 D_i 过小，则说明隐层节点 i 的输出值变化很小，隐层节点 i 对网络的训练没有重要的影响作用，其性能与阈值节点相似。

5. 优化隐层结构

根据以下规则对本书中的网络隐层节点进行合并与删除。

（1）合并规则

若 $R_{ij} \geqslant \lambda_1$，$D_i$，$D_j \geqslant \lambda_2$，且此时隐层节点数大于等于初始节点数的 20%，则可将隐层节点 i 和 j 合并为一个节点。$\lambda_1 \in [0,1]$，根据经验，λ_1 取值为 0.899～0.901；$\lambda_2 \in [0,1]$，根据经验，λ_2 取值为 0.001～0.01。

（2）删除规则

若 $D_i < \lambda_2$，且此时隐层节点数大于等于初始节点数的 20%，则可将隐层节点 i

删除。

6. 实证分析

应用 MATLAB 7.0 进行编程,对本书所构建的基于 LVQ-RBF 的改进型神经网络高新技术项目风险预警模型进行结构优化。通过设定模型的具体结构,确定隐层神经元数,达到优化网络结构、提高网络性能和精确度的目的。

采用的数据是在第 3 章中所取得的 121 个高新技术项目风险数据样本,选取其中的 100 个数据样本对模型进行训练,利用其余的 21 个数据样本进行检验。在对基于 LVQ-RBF 的改进型神经网络高新技术项目风险预警模型进行训练后,调整网络结构,其中,$\lambda_1=0.900$,$\lambda_2=0.006$。

① 对 LVQ 网络隐层结构进行优化,LVQ 网络共有 27 个输入神经元,3 个输出神经元,现暂设 LVQ 网络隐层初始神经元为 40 个。经过网络优化,其检验结果如表 4.3 所示。

表 4.3 LVQ 网络优化前后对比分析

网络优化状态	隐层神经元数	目标输出(分类结果)			实际输出(分类结果)			误差
		低度风险	中度风险	高度风险	低度风险	中度风险	高度风险	
优化前	40	3	12	6	3	10	8	9.52%
合并优化后	26	3	12	6	4	11	8	4.76%
删除优化后	15	3	12	6	3	12	6	0

② 对 RBF 网络隐层结构进行优化,由前面的分析可知,有 3 个 RBF 网络(分别为 RBF1、RBF2 和 RBF3)需要进行隐层结构优化,每个 RBF 网络各有 27 个输入神经元和 1 个输出神经元。现暂设每个 RBF 网络隐层初始神经元均为 40 个。

在本书所采用的 100 组训练样本数据中,按风险警度划分,有 12 组训练样本属于低度风险,63 组训练样本属于中度风险,25 组训练样本属于高度风险。在 21 组测试样本数据中,有 3 组测试样本属于低度风险,12 组测试样本属于中度风险,6 组测试样本属于高度风险。所以,RBF1 网络的训练样本数为 12 组,测试样本数为 3 组;RBF2 网络的训练样本数为 63 组,测试样本数为 12 组;RBF3 网络的训练样本数为 25 组,测试样本数为 6 组。

经过网络优化,其检验结果如表 4.4、表 4.5、表 4.6 所示。

第4章 基于LVQ-RBF的改进型神经网络高新技术项目风险预警模型研究

表 4.4　RBF1 网络优化前后对比分析

	优化前				优化后		
隐层神经元数	目标输出	实际输出	误差	隐层神经元数	目标输出	实际输出	误差
40	0.3251	0.3489	7.32%	17	0.3251	0.3407	4.78%
	0.2425	0.2464	1.61%		0.2425	0.2431	0.24%
	0.2595	0.2517	3.01%		0.2595	0.2644	1.90%

表 4.5　RBF2 网络优化前后对比分析

	优化前				优化后		
隐层神经元数	目标输出	实际输出	误差	隐层神经元数	目标输出	实际输出	误差
40	0.7500	0.7821	4.28%	25	0.7500	0.7807	4.09%
	0.5000	0.4742	5.16%		0.5000	0.4768	4.63%
	0.5000	0.5203	4.06%		0.5000	0.5184	3.69%
	0.6749	0.6317	6.40%		0.6749	0.6380	5.46%
	0.7500	0.7098	5.36%		0.7500	0.7178	4.29%
	0.5000	0.5069	1.38%		0.5000	0.4954	0.91%
	0.7500	0.8232	9.76%		0.7500	0.8070	7.60%
	0.7500	0.7625	1.67%		0.7500	0.7431	0.92%
	0.4249	0.4589	8.00%		0.4249	0.4520	6.40%
	0.7500	0.7876	5.01%		0.7500	0.7812	4.16%
	0.5000	0.5314	6.28%		0.5000	0.5255	5.10%
	0.7500	0.7907	5.43%		0.7500	0.7844	4.59%

表 4.6　RBF3 网络优化前后对比分析

	优化前				优化后		
隐层神经元数	目标输出	实际输出	误差	隐层神经元数	目标输出	实际输出	误差
40	0.9249	0.8973	2.98%	20	0.9249	0.8998	2.71%
	0.9078	0.8865	2.35%		0.9078	0.8893	2.05%
	1.0000	0.9798	2.02%		1.0000	0.9852	1.48%
	1.0000	0.9720	2.80%		1.0000	0.9775	2.25%
	1.0000	0.9646	3.54%		1.0000	0.9681	3.19%
	1.0000	0.9731	2.69%		1.0000	0.9789	2.11%

从以上实证分析及检验数据的比较可以看出，结构优化后，网络的实际输出与

目标输出之间的误差明显减小,同时在计算过程中其所耗费的时间也大大减少。因此,在本书所构建的基于 LVQ-RBF 的改进型神经网络高新技术项目风险预警模型中,LVQ 网络的隐层神经元数确定为 15 个,3 个 RBF 网络(按风险等级输出从低到高排序)的隐层神经元数分别确定为 17、25 和 20 个。

4.4.3 改进型学习算法研究

1. 将所有权矢量初始化

给网络的连接权 w_{ij} 赋 $[0,1]$ 区间内的随机初始值,$i=1,2,\cdots,n, j=1, 2,\cdots,m$。

2. 确定学习率及邻域的初始值

确定学习率 $\eta(t)$ 的初始值 $\eta(0)$($0<\eta(0)<1$)以及邻域 $N_g(t)$ 的初始值 $N_g(0)$。其中,邻域 $N_g(t)$ 是指以算法过程中所确定的获胜神经元 g 为中心点,并包含若干神经元的区域范围(这个区域一般是均匀对称的,最典型的为正方形或圆形区域),$N_g(t)$ 的值表示在第 t 次学习中邻域所包含的神经元的个数。同时,确定总的学习次数 T。

3. 对数据进行归一化处理

对学习训练样本中的数据 a_k 进行归一化处理,并将归一化结果 X_k 提供给网络的输入层。

学习样本共有 R 组输入矢量,每个输入矢量为 n 维,详见公式(4.3)。

4. 确定输入矢量与权矢量之间的欧氏距离

将竞争神经元的连接权矢量归一化为单位长度的矢量 $\boldsymbol{W}_j=(w_{1j},w_{2j},\cdots, w_{ij})^T$,计算输入矢量与所有权矢量的欧氏距离,即

$$d_j = \|\boldsymbol{X}-\boldsymbol{W}_j\| = \sqrt{\sum_{j=1}^{m}(\boldsymbol{X}-\boldsymbol{W}_j)^2} \tag{4.11}$$

其中,d_j 为欧氏距离,$\boldsymbol{W}_j$ 为神经元 j 的权矢量,$\boldsymbol{X}$ 为输入矢量。

5. 确定最优及次优神经元

确定与训练矢量距离最近的两个神经元,使其与输入矢量之间的距离为最小

距离 d_c 与次小距离 d_r,从而确定最优神经元 c 和次优神经元 r。

$$d_c = \min(d_j), \quad j=1,2,\cdots,m \tag{4.12}$$

$$d_r = \min(d_j - \{d_c\}), \quad j=1,2,\cdots,m \tag{4.13}$$

若 d_c 和 d_r 的值非常接近,同时其关系满足式(4.14)的条件,则继续步骤 6,否则,转至步骤 7。

$$\min\left(\frac{d_c}{d_r}, \frac{d_r}{d_c}\right) > \frac{1-\varepsilon}{1+\varepsilon} \tag{4.14}$$

其中:d_c 和 d_r 分别是输入矢量 X 与两个最接近的权矢量的欧氏距离;ε 为预设的值,取值范围为 0.2～0.3。

6. 继续步骤 5,进行权值调整

将权矢量 w_c 和 w_r 按照以下规则同时进行训练。

若 w_c 与输入矢量 X 属于同一类别,而 w_r 与输入矢量 X 不属于同一类别,则权值的调整算法如下:

$$\begin{aligned} w_c(t+1) &= w_c(t) + \eta(t) \cdot [X^{(k)} - w_c(t)] \\ w_r(t+1) &= w_r(t) + \eta(t) \cdot [X^{(k)} - w_r(t)] \end{aligned} \tag{4.15}$$

其中,$\eta(0) \in (0,1)$。

若 w_r 与输入矢量 X 属于同一类别,而 w_c 与输入矢量 X 不属于同一类别,则权值的调整算法如下:

$$\begin{aligned} w_r(t+1) &= w_r(t) + \eta(t) \cdot [X^{(k)} - w_r(t)] \\ w_c(t+1) &= w_c(t) + \eta(t) \cdot [X^{(k)} - w_c(t)] \end{aligned} \tag{4.16}$$

其中,$\eta(0) \in (0,1)$。

若 w_c 和 w_r 均与输入矢量 X 属于同一类别,则权值的调整算法如下:

$$w_g(t+1) = w_g(t) + \eta(t) \cdot [X^{(k)} - w_g(t)] \tag{4.17}$$

其中,$g \in \{c,r\}$,$\eta(0) \in (0,1)$。

训练结束后,转至步骤 8。

7. 确定最优神经元,进行权值的调整

当神经元的权矢量与输入矢量的关系不满足步骤 5 的条件,即权矢量与输入矢量之间的欧氏距离不满足式(4.14)的条件时,确定与训练矢量距离最近的最优

神经元 g，其与输入矢量之间为最小距离 d_g 为

$$d_g = \min[d_j], \quad j=1,2,\cdots,m \tag{4.18}$$

若竞争胜利的神经元与训练矢量属于同一类,则权矢量按"增大"调整;若不属于同一类,则按"减小"调整;其余权矢量保持不变。

$$w_{ji}(t+1) = w_{ji}(t) + \eta(t) \cdot [\boldsymbol{X}_i^{(k)} - w_{ji}(t)]$$
$$j \in N_g(t), \quad j=1,2,\cdots,m \tag{4.19}$$

其中,$\eta(t)(0<\eta(0)<1)$ 为 t 时刻的学习率,$\boldsymbol{X}_i^{(k)}$ 代表第 k 个学习训练模式矢量。

8. 继续新样本的学习训练

选取另一组学习样本并将其提供给网络的输入层,返回步骤 4,直至将所有的学习样本数据全部提供给网络。

9. 更新学习率及邻域

确定更新的学习率 $\eta(t)$ 及邻域 $N_g(t)$。

$$\eta(t) = \eta(0)\left(1 - \frac{t}{T}\right) \tag{4.20}$$

其中,$\eta(t)$ 为学习率,t 为学习次数,T 为总的学习次数。

设竞争层某神经元 g 在二维阵列中的坐标值为 (x_g, y_g),则邻域的范围是以点 $(x_g + N_g(t), y_g + N_g(t))$ 和点 $(x_g - N_g(t), y_g - N_g(t))$ 为右上角和左下角的正方形。其修正公式为

$$N_g(t) = \text{INT}\left[N_g(0)\left(1 - \frac{t}{T}\right)\right] \tag{4.21}$$

其中,$\text{INT}[x]$ 为取整符号,$N_g(0)$ 为 $N_g(t)$ 的初始值。

10. 重复迭代

令 $t = t+1$,返回步骤 2,直至 $t=T$ 为止。

11. 网络响应

自组织映射网络经学习后按照以下规则进行响应:

$$a_g = 1, d_g = \min_{j=1}^{m}(d_j)$$
$$a_i = 0, i=1,2,\cdots,m, i \neq g \tag{4.22}$$

将需要分类的输入模式提供给网络的输入层,按照上述方法找出竞争层中连

接权矢量与输入模式最接近的神经元 g，此时神经元 g 有最大的激活值 1，而其他神经元被抑制而取值为 0。这时神经元 g 的状态就表示对输入模式的分类。

12. 确定初步分类结果

将输入矢量按分类结果的不同分别提供给下一层 RBF 网络。

13. 确定 RBF 网络隐层基函数的中心点

根据所有的输入样本，通过非监督学习确定 RBF 网络隐层基函数的中心点，即隐层各节点的高斯核函数中心值 T_k。

本书采用 K-均值聚类算法，假设聚类中心点有 l 个，设 $T_k(n)(k=1,2,\cdots,l)$ 是第 n 次迭代时基函数的中心点。K-均值聚类算法的具体步骤如下。

① 初始化聚类中心点，将 $T_k(0)$ 设置为最初的 l 个样本，并设迭代步数 $n=0$。

② 随机输入训练样本 X_i。

③ 确定距离训练样本 X_i 最近的中心点，即确定 $k(X_i)$ 并使其满足以下条件：

$$k(\boldsymbol{X}(i)) = \min_k \|x(i) - \boldsymbol{T}_k(n)\|, \quad k=1,2,\cdots,l \tag{4.23}$$

其中，$T_k(n)$ 是第 n 次迭代时基函数的第 k 个中心点。

④ 用式(4.24)调整基函数的中心点。

$$\boldsymbol{T}_k(n+1) = \begin{cases} \boldsymbol{T}_k(n) + \eta[\boldsymbol{X}(i) - \boldsymbol{T}_k(n)], & k=k(\boldsymbol{X}(i)) \\ \boldsymbol{T}_k(n), & \text{其他} \end{cases} \tag{4.24}$$

其中，η 是学习步长，且 $0<\eta<1$。

⑤ 判断所有的训练样本是否均学习完毕，并且中心点的分布不再变化。若是，则结束；若否，则令 $n=n+1$ 并转至第①步。

最后得出的 $T_k(k=1,2,\cdots,l)$ 即 RBF 网络最终的基函数的中心点。

14. 确定标准化常数

本书采用高斯函数作为 RBF 网络的基函数，则基函数的方差 $\sigma_k(k=1,2,\cdots,l)$ 可用式(4.25)计算。

$$\sigma_1 = \sigma_2 = \cdots = \sigma_l = \frac{d_{\max}}{\sqrt{2l}} \tag{4.25}$$

其中，l 为隐层单元的个数，$d_{\max}$ 为所取中心点之间的最大距离。

15. 确定输出层权值

确定输出层的权值 $w_{kj}(k=1,2,\cdots,K;j=1,2,\cdots,J)$，本书采用最小均方（Least Mean Square，LMS）算法进行学习，步骤如下。

① 设置变量和参量：

- $\boldsymbol{X}(n)=[x_1(n),x_2(n),\cdots,x_m(n)]$ 为输入向量，或称训练样本；
- $\boldsymbol{W}(n)=[w_1(n),w_2(n),\cdots,w_m(n)]$ 为权值向量；
- $y(n)$ 为实际输出；
- $d(n)$ 为期望输出；
- η 为学习效率；
- n 为迭代次数。

② 初始化，给 $W_j(0)$ 各赋一个较小的随机非零值，$n=0$。

③ 对于一组输入样本 $\boldsymbol{X}(n)=[x_1(n),x_2(n),\cdots,x_m(n)]$ 和对应的期望输出 d，计算权值：

$$e(n)=d(n)-\boldsymbol{X}^{\mathrm{T}}(n)\boldsymbol{W}(n) \tag{4.26}$$

$$\boldsymbol{W}(n+1)=\boldsymbol{W}(n)+\eta\boldsymbol{X}(n)e(n) \tag{4.27}$$

④ 判断是否满足条件。

- 条件1：误差小于预先设定的值，即

$$|e(n)|<\varepsilon \tag{4.28}$$

- 条件2：权值的变化范围非常小，即

$$|w(n+1)-w(n)|<\varepsilon \tag{4.29}$$

若满足以上条件之一，算法结束；若均不满足，令 $n=n+1$，跳转至第③步重新执行。

同时，在实现过程中还应设定最大的迭代次数，以防止在算法不收敛时，程序进入死循环。

基于 LVQ-RBF 的改进型学习算法的流程如图 4.9 所示。

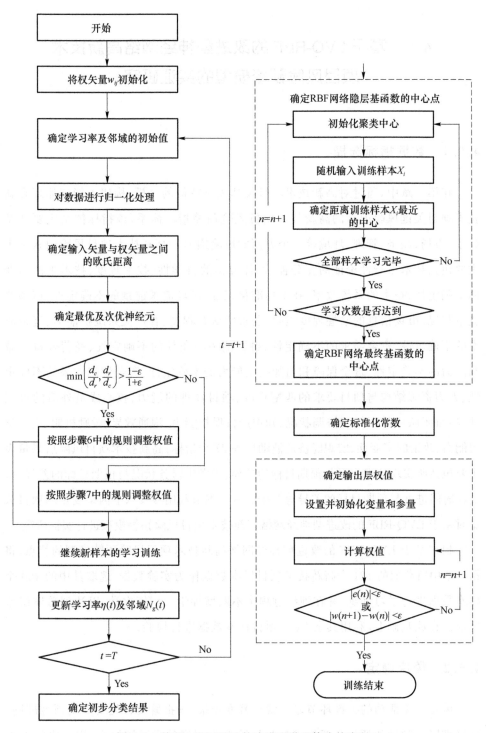

图 4-9 基于 LVQ-RBF 的改进型学习算法的流程

4.5 基于 LVQ-RBF 的改进型神经网络高新技术项目风险预警模型的实证研究

4.5.1 数据指标选择

在第 3 章中，通过对高新技术项目及其风险特征的分析，构建了能够体现高新技术项目关键风险因素的高新技术项目风险预警指标体系，该指标体系主要涉及技术、市场、经济、管理、环境等 5 个方面的风险因素。高新技术项目风险因素量表主要包括技术可行性论证的充分性、设计方案的科学性、技术难度、技术生命周期的不确定性、技术的系统效率、技术标准化程度、市场需求前景的不确定性、市场的竞争状况、市场信息的掌握程度、客户需求的认知程度、客户关系维护能力、资金成本的不确定性、资金需求的不确定性、融资能力与条件的不确定性、经营效益与盈利能力的不确定性、资金保障和追加投资能力的不确定性、资金使用效果的不确定性、人力资源结构与项目要求的匹配程度、项目经理的能力、核心成员外流的可能性、项目团队成员团结与协调状况、知识产权保护能力、沟通效果、激励机制、组织学习能力、政策的多变性、宏观经济的波动性等 27 个指标；高新技术项目风险后果量表主要包括所实现技术水平与预期目标的差异、所发生财务状况与预期目标的差异、所消耗时间进度与预期目标的差异等 3 个因素。本节利用涉及以上因果变量的项目数据对基于 LVQ-RBF 的改进型神经网络高新技术项目风险预警模型进行实证研究。

根据基于 LVQ-RBF 的改进型神经网络高新技术项目风险预警模型的特点，将第 3 章中所获取的 121 个高新技术项目样本数据作为实验数据，选取其中 100 个样本数据进行学习训练，并在训练过程中不断增加学习训练次数，以达到总体误差要求。在此基础上，利用其余 21 个项目样本数据进行检验。

4.5.2 警度确定

风险预警活动的关键环节之一就是警度预报，预报警度首先要确定预警准则。预警准则是判别和评价高新技术项目风险严重程度的标准和原则，用于决定在不同情况下,是否应该发出警报以及发出何种程度的警报。本书采用的是定量指标预警,根据预警指标所导致的风险后果数值的大小发出不同程度的警报。本书将需要发出警报的指标设定为风险后果因素的加权值,即项目最终所实现技术水平与预期目标的差异、项目最终所发生财务状况与预期目标的差异、项目最终所消耗时间进度与预期目标的差异等3个因素的加权平均值。根据风险后果因素的加权平均值划分项目风险的具体警度,如表4.7所示,包括低度风险[0,0.35)、中度风险[0.35,0.80)和高度风险[0.80,1.00] 3个风险等级,即风险档次集 $V=(V_1,V_2,V_3)$,项目风险状态相应分为3个等级 V_1、V_2、V_3,其中,V_1 为低度风险状态,V_2 为中度风险状态,V_3 为高度风险状态。

表 4.7 高新技术项目风险警度划分

风险等级	V_1	V_2	V_3
风险后果区间分布	[0,0.35)	[0.35,0.80)	[0.80,1.00]
风险程度	低度风险	中度风险	高度风险

低度风险状态是指项目处于比较良好的运行状态,风险迹象较不明显,风险后果相对不是很严重,对项目运行不产生重大影响。当项目风险处于该状态时,无须采取过多的风险措施,但要注意项目环境的变化,警惕潜在风险和突发性风险的发生。

中度风险状态是指项目的风险因素已经对项目造成了一定的影响,风险后果虽然并未构成致命的威胁,但已对项目主体造成了一定的损害。当项目处于该状态时,应采取必要的措施加强控制,消除风险或防止风险扩大。

高度风险状态是指项目风险后果严重,已对项目主体造成了很大的损害,项目处于危机状态。高度风险状态往往使项目一时难以恢复或直接失败,必须采取紧急的风险防控措施加以控制和处理,降低风险等级,避免造成巨大损失。

可按照以上3种状态的风险档次集划分警戒线,并根据不同的风险等级发出不同程度的警报。例如,预警报告可以采取"亮灯"的方式。基本警报准则为:当项目处于低度风险状态时,亮"绿灯";当项目处于中度风险状态时,亮"黄灯",并发出中度风险警报;当项目处于高度风险状态时,亮"红灯",并发出高度风险警报。亮灯的目的在于提醒项目管理者及时调整策略,以减小损失或危机发生的可能性,增强项目抵御风险的能力。

对本书所采用的 100 个项目样本数据按风险警度划分,有 12 个项目样本属于低度风险,设为类别一;有 63 个项目样本属于中度风险,设为类别二;有 25 个项目样本属于高度风险,设为类别三。

4.5.3　模型训练

在实证研究中,LVQ 分类器的输入层共有 27 个输入因子(与样本数据的特征向量维数相同),风险结果根据样本数据的不同分为 3 个等级作为输出,即 3 个输出因子,将该输出作为 RBF 处理器的二次输入,对其进行精确拟合。在本书所构建的基于 LVQ-RBF 的改进型神经网络高新技术项目风险预警模型中,LVQ 网络和 RBF 网络分别各有一个中间隐层。LVQ 网络隐层包含 15 个神经元,输出层为 3 个神经元;3 个 RBF 网络(按风险等级输出从低到高排序)的隐层分别包含 17 个、25 个、20 个神经元,输出层为 1 个神经元。

在对 LVQ 网络进行训练之后,对类别一的 12 个项目样本进行训练,得到分布密度分别为 2、3、4、5 的 4 个 RBF 网络,如图 4.10 所示,对 4 个 RBF 网络的逼近误差进行比较,最终选择分布密度为 2 的 RBF 网络作为类别一的预测网络。

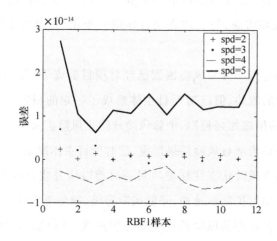

图 4.10　RBF1 网络的训练结果

对类别二的 63 个项目样本进行训练,得到分布密度分别为 2、3、4、5 的 4 个 RBF 网络,如图 4.11 所示,对 4 个 RBF 网络的逼近误差进行比较,最终选择分布密度为 2 的 RBF 网络作为类别二的预测网络。

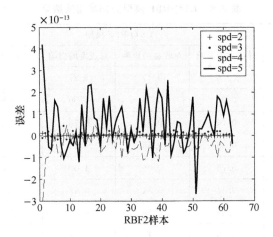

图 4.11　RBF2 网络的训练结果

对类别三的 25 个项目样本进行训练,得到分布密度分别为 2、3、4、5 的 4 个 RBF 网络,如图 4.12 所示,对 4 个 RBF 网络的逼近误差进行比较,最终选择分布密度为 2 的 RBF 网络作为类别三的预测网络。

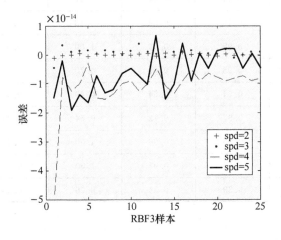

图 4.12　RBF3 网络的训练结果

4.5.4　测试结果

将其余 21 个项目样本作为测试样本数据,对训练后的基于 LVQ-RBF 的改进型神经网络高新技术项目风险预警模型进行检验。表 4.8 所示为 LVQ-RBF 模型的样品测试结果。

表 4.8　LVQ-RBF 模型的样本测试结果

样本号	LVQ-RBF 模型				
	分类结果	对技术的影响	对收益的影响	对进度的影响	风险平均	误差/%
1	1	0.30	0.47	0.27	0.34	4.78%
2	3	0.93	0.76	1.00	0.90	−2.71%
3	2	0.74	0.83	0.78	0.78	4.09%
4	2	0.28	0.55	0.63	0.48	−4.63%
5	3	0.73	0.96	1.00	0.89	−2.05%
6	2	0.54	0.54	0.47	0.52	3.69%
7	2	0.69	0.56	0.65	0.64	−5.46%
8	2	0.68	0.76	0.73	0.72	−4.29%
9	3	0.97	0.98	1.00	0.99	−1.48%
10	2	0.41	0.53	0.56	0.50	−0.91%
11	2	0.80	0.87	0.76	0.81	7.60%
12	2	0.68	0.80	0.76	0.74	−0.92%
13	2	0.44	0.44	0.47	0.45	6.40%
14	1	0.10	0.54	0.13	0.24	0.24%
15	3	0.95	0.99	1.00	0.98	−2.25%
16	2	0.93	0.69	0.70	0.78	4.16%
17	2	0.54	0.54	0.49	0.53	5.10%
18	2	0.97	0.72	0.64	0.78	4.59%
19	3	0.95	0.96	1.00	0.97	−3.19%
20	3	0.96	0.97	1.00	0.98	−2.11%
21	1	0.39	0.34	0.06	0.26	1.90%

4.5.5　误差分析

基于 LVQ-RBF 的改进型神经网络高新技术项目风险预警模型测试的拟合结果显示：该模型所得出的风险分类结果与测试样本完全相同，误差较小，浮动范围在 8% 以内，拟合精度高于 92%。LVQ-RBF 模型与测试样本的误差比较如表 4.9 所示。LVQ-RBF 模型与测试样本的拟合程度比较如图 4.13 所示，误差分析如图 4.14 所示。

表 4.9　LVQ-RBF 模型与测试样本的误差比较

样本号	测试样本		LVQ-RBF 模型		
	实际类别	风险平均	分类结果	风险平均	误差/%
1	1	0.33	1	0.34	4.78%
2	3	0.92	3	0.90	−2.71%
3	2	0.75	2	0.78	4.09%
4	2	0.50	2	0.48	−4.63%
5	3	0.91	3	0.89	−2.05%
6	2	0.50	2	0.52	3.69%
7	2	0.67	2	0.64	−5.46%
8	2	0.75	2	0.72	−4.29%
9	3	1.00	3	0.99	−1.48%
10	2	0.50	2	0.50	−0.91%
11	2	0.75	2	0.81	7.60%
12	2	0.75	2	0.74	−0.92%
13	2	0.42	2	0.45	6.40%
14	1	0.24	1	0.24	0.24%
15	3	1.00	3	0.98	−2.25%
16	2	0.75	2	0.78	4.16%
17	2	0.50	2	0.53	5.10%
18	2	0.75	2	0.78	4.59%
19	3	1.00	3	0.97	−3.19%
20	3	1.00	3	0.98	−2.11%
21	1	0.26	1	0.26	1.90%

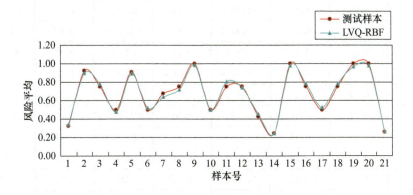

图 4.13　LVQ-RBF 模型与测试样本的拟合程度比较

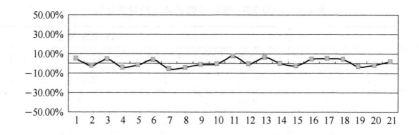

图 4.14 LVQ-RBF 模型的误差分析

4.5.6 不同模型检验结果比较

将构建的 LVQ-RBF 模型与 RBF 模型、BP 模型的测试结果相比较,证实了 LVQ-RBF 模型能够有效提高整体预测精确度和准确度,如表 4.10 所示。

表 4.10 不同模型测试结果的比较

样本号	测试样本	LVQ-RBF 模型		RBF 模型		BP 模型	
	风险平均	风险平均	误差/%	风险平均	误差/%	风险平均	误差/%
1	0.33	0.34	4.78%	0.33	1.29%	0.33	1.78%
2	0.92	0.90	−2.71%	0.50	−46.31%	0.72	−22.59%
3	0.75	0.78	4.09%	0.94	24.75%	1.00	33.55%
4	0.50	0.48	−4.63%	0.53	6.72%	0.49	−1.72%
5	0.91	0.89	−2.05%	0.77	−15.35%	0.93	2.21%
6	0.50	0.52	3.69%	0.64	28.31%	0.69	37.29%
7	0.67	0.64	−5.46%	0.74	9.44%	0.79	16.71%
8	0.75	0.72	−4.29%	1.00	32.77%	0.90	19.48%
9	1.00	0.99	−1.48%	1.03	3.47%	0.83	−16.90%
10	0.50	0.50	−0.91%	0.49	−2.53%	0.43	−14.37%
11	0.75	0.81	7.60%	0.78	3.98%	0.88	17.11%
12	0.75	0.74	−0.92%	0.74	−1.05%	0.79	5.61%
13	0.42	0.45	6.40%	0.44	2.43%	0.66	55.71%
14	0.24	0.24	0.24%	0.90	271.86%	0.77	217.46%
15	1.00	0.98	−2.25%	0.86	−14.41%	0.97	−2.79%
16	0.75	0.78	4.16%	0.21	−71.77%	0.31	−58.79%
17	0.50	0.53	5.10%	0.95	89.24%	1.03	105.75%
18	0.75	0.78	4.59%	0.73	−2.56%	0.97	29.12%

续表

样本号	测试样本	LVQ-RBF 模型		RBF 模型		BP 模型	
	风险平均	风险平均	误差/%	风险平均	误差/%	风险平均	误差/%
19	1.00	0.97	−3.19%	0.23	−76.93%	0.15	−85.04%
20	1.00	0.98	−2.11%	0.22	−77.57%	0.18	−81.62%
21	0.26	0.26	1.90%	0.51	96.79%	0.54	106.92%

将 LVQ-RBF 模型与 RBF 模型、BP 模型的测试结果相比较，证实了 LVQ-RBF 模型的拟合程度要远远高于其他两种模型，如图 4.15 所示。

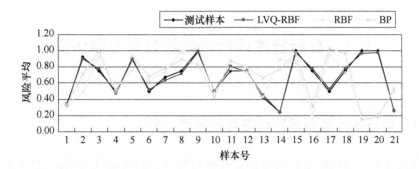

图 4.15 不同模型的拟合程度比较

将 LVQ-RBF 模型与 RBF 模型、BP 模型的测试结果相比较，证实了 LVQ-RBF 模型的误差要远远低于其他两种模型，如图 4.16 所示。

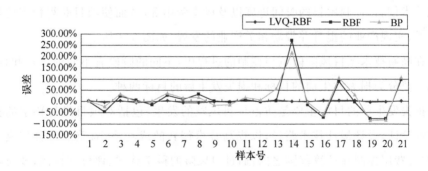

图 4.16 不同模型的误差比较

实证研究证明，本书提出的基于 LVQ-RBF 的改进型神经网络高新技术项目风险预警模型具有精确度高、学习时间短、网络结构优良的特点，并具有良好的学习能力和泛化能力，适合进行具有高度不确定性、较强复杂性的风险预警分析，很好地解决了高新技术项目风险预警问题。

第 5 章　高新技术项目风险防控与支撑条件研究

5.1　高新技术项目风险防范与控制研究

5.1.1　高新技术项目风险防范与控制的目标

高新技术项目风险防范与控制是具有明确目标的风险管理活动,只有在目标明确的前提下,风险防控才能起作用。

高新技术项目风险防范与控制的目标是构筑稳定和谐的项目内部环境,规避并有效地控制项目实施过程中的风险因素,使项目实施始终处于良好的受控状态,实现技术创新,控制项目的时间进度以及成本费用等,从而使项目获得稳定的增长型效益,实现产业的提升并带动相关产业的发展,如图 5.1 所示。

在高新技术项目风险防范与控制的过程中,不同的阶段有不同的重点和目标,目标主要分为损失发生前的目标和损失发生后的目标两种。

损失发生前的目标主要是防范项目风险的发生,包括对项目进行科学的技术可行性论证,设计最佳技术路径,以提高技术创新的成功率;有重点地分配成本投入,并将费用控制在预算范围之内;通过对风险的科学认识、评价和控制,及时跟踪和定位风险;合理授权;构筑稳定和谐的内部环境,使风险防范和控制处于同一水平;保持和外界环境之间的平衡和协调,担负起社会责任,同时充分利用外界资源,如相应的产业科技政策等。

损失发生后的目标主要是控制风险事件发生后的风险损失,包括启动应急预案,调配资源减轻风险对项目的影响,保障项目的后续开发,改变技术方案,调整项目团队结构,重新界定项目技术创新的研发路径等。通过对项目状况的逐步改善,实现高新技术项目的研发目标,并最终通过创新技术的产业化使整个社会受益。

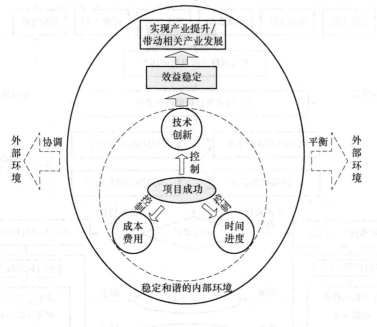

图 5.1　高新技术项目风险防范与控制的目标

高新技术项目风险防范与控制是项目主动进行风险管理的手段,其主要目标是使高新技术项目的成本、质量和时间三大目标得到控制,这种主动控制与传统的"偏差—纠偏—再偏差—再纠偏"的被动控制方式截然不同。高新技术项目风险管理的主动控制体现在主动识别风险因素并对其加以分析,采取风险处理措施进行项目的主动控制。对于项目实施过程中所面临的高度不确定性的风险,这种主动的防控措施可以做到防患于未然,掌控于伊始,从而避免或减少项目的损失。

5.1.2　高新技术项目风险防范与控制的传导机制

高新技术项目风险防范与控制是指在高新技术项目复杂的内外环境中,针对系统未来行为的决策及客观条件的不确定性引起的可能后果与预期目标发生多种负偏离的综合,项目管理者对风险因素有目的地加以防范和控制的过程。

本书提出了高新技术项目风险防范与控制的传导机制,如图5.2所示。高新技术项目中的各风险因素通过耦合作用形成对高新技术项目的破坏力,这种破坏力作用于高新技术项目的风险防控系统。

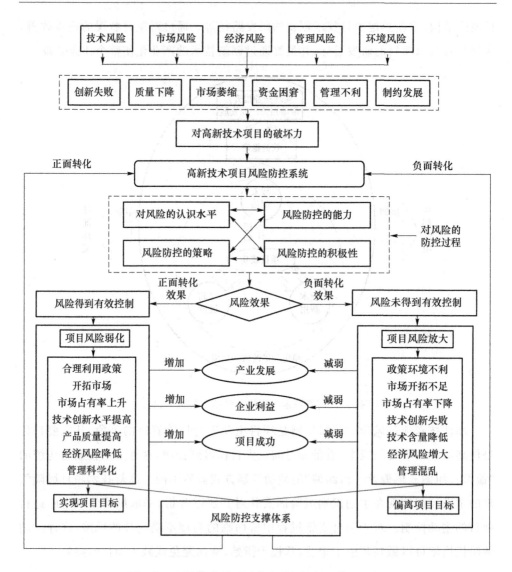

图 5.2 高新技术项目风险防范与控制的传导机制

高新技术项目风险防控系统包含以下 4 种关键要素：一是对风险的认识水平；二是风险防控的能力；三是风险防控的积极性（风险防控的动力）；四是风险防控的策略。高新技术项目风险防控系统对项目的作用主要通过以上 4 种要素的有机组合来实现。若防控效果较好，项目风险将弱化，否则，项目风险将被放大。高新技术项目风险防控的结果将通过传导机制反作用于高新技术项目的各类风险因素，经过风险因素的反馈，又对风险防控系统产生正面或负面的影响。基于以上分析可以发现，构建高新技术项目风险防控系统是抵御和化解风险的关键环节。

5.1.3 高新技术项目风险防范与控制的策略

风险是客观存在的,但并不是不可控的,高新技术项目风险防范与控制的方式有很多种,有积极控制,也有消极控制。但大多数情况下,仅靠狭义的风险防控不是最佳的方案,在风险防控成本过高,甚至高于其取得的收益的情况下,对于各种具体的风险,要综合运用各种措施进行控制。风险防范与控制就是运用多种不同的技术和经济手段来弱化、分散和转移风险,对于高新技术项目而言,可以采用以下5种策略来防范与控制风险。

1. 高新技术项目风险回避策略

高新技术项目风险回避策略是指通过事先估计风险发生的可能性,判断导致其出现的条件和因素,并在行动中主动放弃或改变某项可能引起风险损失的活动以避免产生风险损失的一种防控风险的策略。

采用风险回避策略,可以在风险事件发生之前,完全彻底地消除某种风险可能造成的损失,而不仅仅是减少损失。风险回避是一种彻底的风险控制技术,其他控制技术只能减小产生损失的概率、减轻损失的严重程度。

在高新技术项目立项初期,对高风险的技术领域、项目和方案进行回避就是风险回避。回避是一种躲避式的防范措施,由于在任何项目中都会同时存在风险和机会,特别是高新技术项目,其高风险、高收益的特征更为突出,若因回避高风险而放弃项目,则同时也放弃了高收益的机会。因此,不可能消除所有的风险因素,但可能消除某些具体的风险因素。例如:在航空航天回收装置研制项目中,回收装置的表面材料和控制器对技术水平要求极高,若直接购买进口的表面材料和控制器,则会有配件缺乏、外汇汇率波动较大、交货不及时的风险;若采用自主研发的表面材料和控制器,则不仅可以保证机密性,还可以达到项目的预定目标,从而回避了使用进口表面材料和控制器的各种风险。需要注意的是,在采用自主研发的表面材料和控制器时,要采取一定措施、进行高精度的试验,以确保自主研发的表面材料和控制器的精度和质量。

采用风险回避策略的基本原则是:回避不必要的风险;回避远远超出承受能力、可能对项目造成致命一击的风险;回避具有较强不可控性、不可转移性、不可分散性的风险;在主观风险和客观风险并存的情况下,以回避客观风险为主。

如图5.3所示,高新技术项目风险回避模式有以下4种。

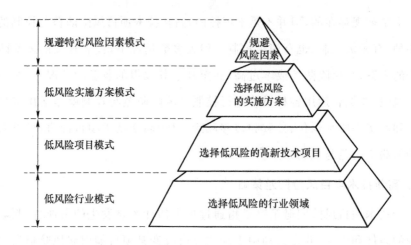

图5.3 高新技术项目风险回避模式

(1) 低风险行业模式

低风险行业模式即选择低风险的行业领域。低风险行业模式是指在一定行业领域内,根据自身情况及研发实力,选择某些风险较低的空白领域进行高新技术创新。由于这样的领域的市场缺乏竞争,因此可以回避竞争性风险。采取低风险行业模式时应当注意两点:一是必须选准技术创新领域,这要求信息收集要充分,并且对信息的判断要准确;二是一旦成功进入新的领域,必须塑造自身的核心技术优势,以防其他竞争者进入。

(2) 低风险项目模式

低风险项目模式是指在一定行业领域内选择低风险的高新技术项目。而高新技术项目的低风险往往意味着低收益,对于技术创新能力较弱的项目组织而言,可以将选择低风险项目作为回避风险的策略之一,但不应将其作为项目选择的一种战略或倾向,因为低风险的项目往往存在着较高的竞争性风险。

(3) 低风险实施方案模式

低风险实施方案模式是指对于特定的项目选择低风险的实施方案。在高新技术项目的各个阶段都有着多种可选择的实施方案,在权衡成本、时间、技术水平3种因素的基础上,选择合适的实施方案,可以有效地回避创新过程中的阶段性风险。

(4) 规避特定风险因素模式

规避特定风险因素模式是指在项目实施过程中改变路线以规避某些风险因素。在高新技术项目的实施过程中，技术路线具有相对稳定性和依赖性，如果尝试突破原有的技术路线，则可能会在提升现有研发水平的同时，规避原有技术路线中的某些风险因素。

在选择高新技术项目风险回避模式时，要结合项目的实际情况，既要全面权衡，又要果断决策。例如，在项目的概念阶段，要剔除实现可能性非常低的项目，如果项目决策者犹豫不决，就可能会造成更大的沉没损失；在项目开发阶段遇到风险时，可改变技术方案和技术路线；在项目实施阶段遇到市场风险因素时，可以改变营销计划、营销策略，进行市场转移等。

2. 高新技术项目损失控制策略

高新技术项目损失控制策略有两个方面的含义。

一是指在损失产生之前全面地消除损失产生的根源，并尽量减小致损风险事件发生的概率。例如，生物基因技术项目中的一个技术难点是要求所选试验样本具有基因高度统一性，以确保试验的精准性，因此应购买国外的部分试验样本来消除这个技术难点所造成的风险；青岛物流园区的大型物流条码扫描系统项目涉及小波分析、图形压缩、激光技术、光电转换等最新技术，对海港物流的分类识别应用具有重要意义，该项目在实施过程中，遇到了一个控制器设计难题，为了能够在达到技术规范要求的条件下尽早投产，项目组购买了其他科研部门研发的控制器产品，这样不仅节约了时间，而且控制了该项目的风险损失。

二是指在损失产生后减轻受损程度。例如，当新产品投入市场后出现被仿制的情况时，可及时寻求法律保护，或通过新闻媒介来消除不利影响。

损失控制是风险控制中最积极、最合理、最有效的风险管理技术，不仅能减少项目风险事件所导致的损失，而且能减少全社会的物质财富损失。

在实际情况下，高新技术项目在运行过程中所能控制的风险损失是有限的，可控程度也比较低，因此损失控制策略应与其他风险防控策略结合起来使用。损失控制的一般措施包括风险预防、风险减轻、风险隔离与风险集合等。风险预防是指采用有形或无形的手段预防风险的发生，包括以制度、法规及组织结构再造等手段防范风险；风险减轻是指在摸清了风险来源和风险引发因素之后，采取措施设法消除风险引发因素，降低风险事件发生的可能性或减小风险耦合作用，减轻风险造成的威胁;风险隔离是指将所面临的风险主体或风险因素进行空间与时间的分离,使一个风险事件的发生不会引起所有资源的损失,达到减少损失的目的;风险集合是指通过增加风险主体的数量来分散风险损失,降低风险发生的成本。对于损失控制的各项措施,应综合、灵活地加以应用。

3. 高新技术项目风险自留策略

高新技术项目风险自留策略是由项目组织本身承担风险事件损失的一种重要的风险管理策略。当风险事件发生并造成一定的损失后,项目组织通过内部的资金融通,来弥补所遭受的损失。风险自留策略是一种残留技术,只有当其他的风险管理技术均无法实施或者能够实施但成本很高且效果不佳时,项目组织才会选择风险自留策略。另外,由于风险的影响因素极其复杂,人们无法完全认识和掌握风险事件发生的规律,因此不可能事先控制所有的风险损失。对于这些没有被认识和了解的风险损失,项目组织只能自留承担。所以,风险自留策略是处理剩余或残留风险的技术措施,与其他风险防控策略是互补的。

在风险无法回避或者回避风险要付出的代价可能高于或相当于风险事件损失的情况下,项目组织就应该将这些风险视为项目的必要成本,自愿接受它。风险自留按不同的标准可分为主动自留和被动自留、全部自留和部分自留等。

主动自留是指在已识别和评估风险及其后果的情况下,项目组织主动将风险自留作为处置全部或部分风险的最优选择,并进行相应的资金准备。例如,对于项目费用超支风险,在估算项目费用时就应考虑预留不可预见费,一旦项目费用超支,就动用这笔预留的不可预见费。

被动自留是在未能识别和评估风险及其后果的情况下,项目组织被迫采取由自身承担风险后果的风险处置策略。它是一种被动的、无意识的风险处置方式。对于无力承担不良后果的风险,项目组织不能自留,应设法回避、控制、转移或分散。

风险自留策略通常与损失控制策略结合使用。采用风险自留策略时,是全部自留还是部分自留,需认真分析。自留方法的选择应谨慎、合理、科学。风险自留的基础和条件是:项目组织的财务能力足以承担由风险导致的最坏后果;采用其他方法处置风险的成本大于自我承担风险所付出的代价;影响项目风险的不确定性因素极其复杂,项目管理者无法完全认识和掌握风险发生的规律,不可能预先对所有风险都有所准备。

4. 高新技术项目风险分散策略

高新技术项目风险分散策略是通过采用不同的风险分散方式减轻总体风险压力,使总体风险得到降低的策略。

高新技术项目风险分散策略主要有空间分散策略和时间分散策略两种,如图 5.4 所示。

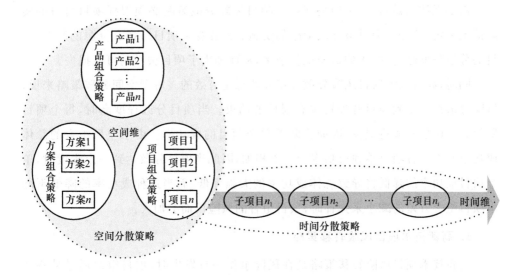

图 5.4　高新技术项目风险分散策略的途径选择

空间分散策略有以下具体方式:一是项目组合策略,即同时进行多个项目的开发投资,形成项目组合,使高新技术项目风险得以分散;二是产品组合策略,即同时进行多种高新技术产品的开发,可以通过新产品之间的风险抵冲作用使总体风险降低;三是方案组合策略,即同时实施同一项目的多种可行性方案,以提高项目的总体成功率,这种方式在生物医药等项目的研发过程中经常使用。根据概率论原理,在一个项目组合、产品组合或方案组合中,不同组合因子之间的相互独立性强或具有负相关性,将有利于项目投资总体风险的降低。但在组合的实际操作过程中,企业的生产设备、技术优势领域、市场占有情况、市场销售渠道使得企业在组合选择时难以做到选择独立或不相关的项目、产品或方案。而且,当项目、产品或方案之间过于独立时,如果不能做到技术资源、人力资源、生产资源、市场资源共享,就会加大项目投资的成本和难度。因此,在通过组合来分散投资风险时,应当允许组合因子之间存在一定的相关性。

时间分散策略是指把高新技术项目按一定的时间顺序进行排列,并按照先易后难的顺序依次开发,排在前面的子项目的开发情况及结果可以作为后续子项目的借鉴及基础,从而使后续子项目的信息量增加,不确定性减小;或者对高新技术项目进行分阶段实施,根据前一阶段的实施情况及效果决定是否继续后续阶段的实施工作。这种方式多用于风险较高的高新技术项目开发,对于这类项目,往往先投入少量资金进行预研,再决定是否进行大量投入。

需要强调的是,是否采用高新技术项目风险分散策略必须根据项目自身的实际情况来定,这是因为风险分散策略的实施必然要受到项目所拥有资源的制约,项目的分散程度越高,投入的资源也将越多,从而加大了项目失败的可能损失。

同时,高新技术项目风险分散策略并非总是有效的。对于空间分散策略来说,风险分散总是受到项目各种资源有限性的约束。当项目分散程度高时,每个项目所得到的研发资源将减少,因而将降低单个项目的成功率。由于项目组合的总体成功率并不是各项目单独成功率的简单相加,因此当项目分散达到一定程度时,单个项目成功率的降低将导致总体成功率的大幅降低,而当这种成功率的降低不能由项目组合方差的减小来弥补时,项目组合的风险反而会加大。

5. 高新技术项目风险转移策略

高新技术项目风险转移策略是在风险事作一旦发生时,项目组织通过某些技术或经济手段将风险转移给他人承担的一种风险控制方式。其主要表现为风险的财务转移和部分环节的客体转移两种具体方式。

风险的财务转移是指通过改变风险损失的承担主体来转移风险的一种方法。实现风险的财务转移有两种方法。一种方法是参加科技保险或项目保险,高新技术项目的投资主体不发生变化,但风险损失的承担主体发生了变化,即通过向保险公司投保而将风险转移到保险公司身上。在保险期限内,投资人只要定期交纳相对较少的保费,一旦发生所投保的风险,就可按合同获得赔偿金。另一种方法是在项目投资过程中吸引风险投资,此时项目的承担主体仍然是企业,而风险投资公司主要是参与风险损失的分摊和风险收益的分配。

部分环节的客体转移是指使高新技术项目实施过程中的一部分活动由其他主体承担,增加风险承担主体的数量,从而使各个风险承担主体的风险减小。其具体方法包括横向联合、业务外包、合同转移、技术转让、委托开发、联合开发等。该方法实现风险转移的机制是通过各种形式的联合或合作创新,从信息、技术、资金以及人才等各方面汇集不同的项目资源,在实现利益与风险分摊的同时,提高了项目的总体成功率。例如,项目组织可以主要致力于具有核心竞争力的技能和知识的开发,而将非核心的开发任务外包给专业机构来完成,这样不仅可以提高效率,还可以将部分风险转移到承包商身上。在部分环节的客体转移方面,神舟飞船的研制项目是非常典型的例子,神舟飞船的设计研制并不是由一个研究机构独立完成的,而是由多个研究机构分别完成神舟飞船的不同关键技术环节。这样不仅使神舟飞船项目的效率得到了极大的提高,还合理地规避并控制了风险。

风险转移一般伴随着收益转移。在科技保险中,项目组织必须付出一定的风险成本,即以一定的保费来买得一种不确定性的减小;在业务外包过程中,项目方须向承包商支付一定的承包费用。因此,是否转移风险以及采用何种策略转移风险,需要进行仔细权衡。在一般情况下,当其他风险如技术风险、生产风险不大而管理风险较大时,可以采用提拔高素质人才的风险转移策略;当技术风险、生产风险或市场风险较大时,可以采用客体转移的风险转移策略。

上述多种风险防控策略在高新技术项目风险防控过程中可以同时使用。项目成功与否在很大程度上取决于风险防控策略的运用是否恰当。如果策略使用得当,项目的风险完全可以降低。项目管理者不仅要熟悉各种经济合同的内容和风险分担条款,还要事先制订应急反应计划,规划好应对风险的行动步骤以及备用的人力、物力和财力。

5.2 高新技术项目风险预警系统的支撑条件研究

5.2.1 组织结构、组织职能及组织模式

高新技术项目风险预警系统是为了确保风险预警目标的实现而建立的组织结构,高效的组织结构是高新技术项目风险预警系统的基本保障,是保证项目高效稳定运行的重要支撑条件。

高新技术项目风险预警系统的组织结构、设置方式等取决于多种因素,其中的决定性因素是高新技术项目风险在时空上的分布特点。高新技术项目风险存在于项目的所有阶段和方面,因此高新技术项目风险预警职能必然是分散于项目管理的所有方面的,项目管理团队的所有成员都应负有一定的风险管理责任。但是,如

果因此而无专人专职负责高新技术项目风险管理,则高新技术项目的风险预警目标就会落空。因此,高新技术项目风险预警职能的履行在组织上具有集中和分散相结合的特点。

此外,高新技术项目的规模、技术及组织上的复杂程度,风险的复杂程度及严重程度,风险成本的大小,高新技术项目执行组织最高管理层对风险的重视程度,法律法规的要求等因素都对高新技术项目风险预警系统的组织结构起着影响作用。

1. 高新技术项目风险预警系统的组织结构

本书构建了图 5.5 所示的高新技术项目风险预警系统的组织结构。其中,高新技术项目风险预警管理委员会是项目风险的管理机构,负责预测并警示项目运行过程中的各类风险情况,做出风险管理决策,防控风险,消除危机,减小不确定性,保证项目的顺利运行。高新技术项目风险预警管理委员会开展的风险管理活动涉及项目经理办公室、研发部、财务部、人力资源部等所有行政职能部门。

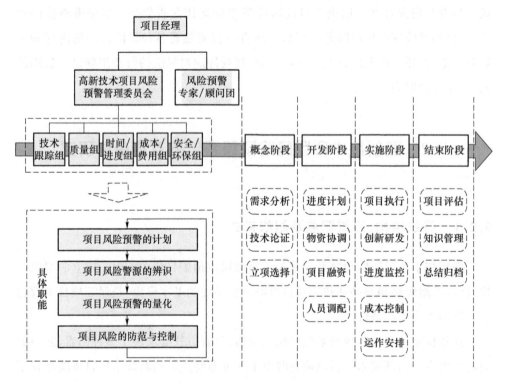

图 5.5 高新技术项目风险预警系统的组织结构

高新技术项目风险预警管理委员会实行的是项目经理负责制,高新技术项目风险预警管理委员会主席由项目经理担任,下设技术跟踪组、质量组、时间/进度组、成本/费用组、安全/环保组等5个风险控制小组。同时,为准确、全面地加强高新技术项目风险预警及管理工作,应设置风险预警专家/顾问团,为项目经理提供风险决策建议。

2. 高新技术项目风险预警系统的组织职能

为确保高新技术项目风险预警系统高效运行,顺利实现项目风险预警目标,必须明确规定各风险管理单元的责任和职能,理顺组织内部的关系,以保证风险预警计划和措施的正常执行。

① 高新技术项目风险预警管理委员会的职能是对整个项目进行宏观指挥和决策,协调各子项目之间、子项目与项目主体之间的关系,负责在项目研发过程中汇总各个风险控制小组给出的风险信息及应对措施,必要时征求风险预警专家/顾问团的意见,作出风险决策,同时负责监督各风险控制小组对风险预警措施的执行和反馈工作。

② 高新技术项目风险预警管理委员会主席由项目经理担任,主持高新技术项目开发过程中的风险预警工作,是项目风险预警系统的第一责任人。

③ 风险预警专家/顾问团的职能是为项目风险预警过程提供专业知识和咨询服务。

④ 技术跟踪组的职能是跟踪项目中创新技术的研发情况,以保证高新技术项目研发工作的稳定性和可靠性。

⑤ 质量组的职能是对整个项目的质量进行全程监控,审查、落实各个重点单项项目的开发和质量管理工作,负责单项项目的验收,督促缺陷问题的整改,与监理部门紧密合作,保证项目质量。

⑥ 时间/进度组的具体职能是应对和控制项目变更和进度延误风险。其在高新技术项目风险预警系统中负责对设计部门、研发部门、测试部门提出的项目变更进行协商,了解项目进度计划,掌握项目开发的具体情况,监督项目的实际进度,保证项目开发工作的顺利进行。

⑦ 成本/费用组具体负责对项目中的成本超支和资金不足等风险的应对和控制,并对项目融资问题提出具体的决策建议。

⑧ 安全/环保组具体负责对项目开发中的安全及环保问题的应对和控制。

在高新技术项目风险预警系统中,各风险控制小组要相互配合,齐心协力。例如,在项目成本和项目进度的控制中,由时间/进度组向成本/费用组提供详细的项目进度安排和资金使用计划;成本/费用组审查、核实资金使用计划,审查、核实后将其交给财务部门,由财务部门支付。通过这些管理措施,可随时掌握和控制成本费用超支的风险。

风险控制小组要记录项目生命周期各阶段的风险情况,将这些情况归入风险管理档案,并上报高新技术项目风险预警管理委员会。

3. 高新技术项目风险预警系统的组织模式

高新技术项目的开发是一个复杂的过程。由于高新技术项目对技术创新具有较高的要求,因此项目往往被分为若干个子项目,这些子项目根据自身的技术创新特点往往需要依托于不同的知识群。如果各子项目所依托的知识群在高新技术企业内部可以实现,企业内部就会形成由多个子项目组成的高新技术项目系统;如果各子项目所依托的知识群在高新技术企业内部无法实现,就需要在企业外部更加广泛和分散的知识基础上进行组织运作,这涉及不同企业项目之间的交互和整合。

根据高新技术项目组织涉及范围和运作方式的特点,本书提出将高新技术项目组织划分为3种模式,即集群式高新技术项目风险预警组织模式、联盟式高新技术项目风险预警组织模式和网络式高新技术项目风险预警组织模式。下面具体分析各种模式的结构和特征。

(1) 集群式高新技术项目风险预警组织模式

高新技术项目技术创新过程的复杂性要求其开发任务由数目众多的子项目共同完成,由于企业内部知识体系的完备性、技术创新系统的保密性或交易成本过高的制约,高新技术项目往往将所有子项目限于在企业系统内部进行开发,这样就形成了以单一企业作为研发主体的集群式高新技术项目风险预警组织模式。

集群式高新技术项目风险预警组织模式实质上是一个强矩阵形式的组织结构模式,由一个高新技术项目主管负责整个项目的开发工作,项目分为若干个子项目在企业内部进行运作,各子项目由项目经理负责,并统一接受高新技术项目风险预警管理委员会的管理和监督。高新技术项目风险预警管理委员会下设技术跟踪组、质量组、时间/进度组、成本/费用组、安全/环保组等5个风险控制小组,对所有子项目的风险情况进行管理和监督,各风险控制小组对各子项目的风险情况进行记录和分析,并直接向高新技术项目风险预警管理委员会汇报。这种在同一企业内部由高新技术项目主管和高新技术项目风险预警管理委员会对各项目进行风险管理的组织模式即集群式高新技术项目风险预警组织模式,如图5.6所示。

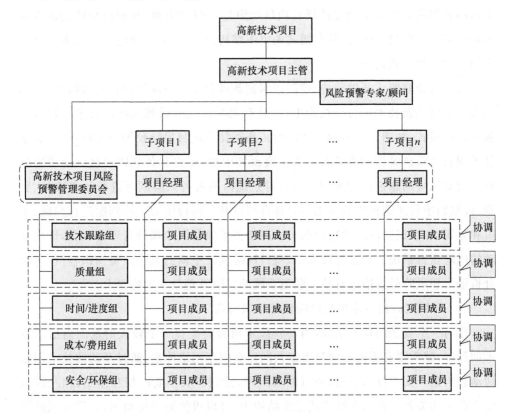

图 5.6 集群式高新技术项目风险预警组织模式

(2) 联盟式高新技术项目风险预警组织模式

在高新技术项目的技术创新过程中,由于受到许多复杂因素的影响,项目本身往往不可能完全孤立地进行创新。同时,技术创新的研究也表明,技术创新组织被看作不同的创新参与者的协同群体。为了追求创新,高新技术项目组织不得不将其子项目委托给其他的组织,或直接与外部组织进行协作式的技术创新联盟开发。通过这种联盟的组织形式,高新技术项目组织内部与外部组织之间产生联系,交换各种知识、技术、信息和其他资源。这些外部组织可能是其他的企业,也可能是大学、研究机构等。这种技术创新的联盟被看作以原高新技术项目组织为主体,不同创新组织参与的协同联盟群体,多家不同组织共同参与高新技术项目的设计、开发、试制以及产业化,共同参与创新技术的开发与扩散。例如,在波音777型飞机的研发过程中,波音公司为了分散研发风险、分担高额的研发费用、降低研发成本、加快研发进程,与美、英、法、日等国大公司组成34个研发小组,依靠互联网进行联合设计,并应用计算机仿真技术,顺利完成了研发工作。在这个研发过程中,位于美国西雅图的波音777型飞机研发项目组织是联盟的中枢,分布在全球的研发小组是联盟的子项目主体,这种联盟式的组织结构已经成为21世纪高新技术项目研发的重要组织形式之一。

为了保证联盟式开发成功,控制技术创新过程中的各项不确定的风险因素,本书提出了以高新技术项目组织为中枢,具有交互功能的联盟式高新技术项目风险预警组织模式,如图5.7所示。在联盟式高新技术项目风险预警组织模式中,高新技术项目风险预警管理委员会作为风险预警中枢,负责和各联盟项目风险预警管理部门对风险问题进行交流、共享,并对系统内的各种风险问题进行最终决策、管理,各联盟项目风险预警管理部门对各自项目开发运行中的风险问题进行判断、决策和处置,并反馈到风险预警中枢——高新技术项目风险预警管理委员会,形成互动的风险预警系统。在这种模式中,项目风险预警中枢的风险预警知识容量、风险分析能力和风险处置措施对整个联盟系统的风险管理效率影响很大。

(3) 网络式高新技术项目风险预警组织模式

作为一个复杂的技术系统,当高新技术项目需要在一个较大的范围内追求技术创新时,就需要有不同的项目组织共同建立创新网络体系,通过互动的技术创新活动影响整个高新技术项目,通过网络组织之间长期、不断的相互作用、相互渗透建立稳定的关系。在这种网络式组织结构中,可以很快地聚集知识,并将知识进行自由组合,从而产生新的知识,提高整个高新技术项目的技术创新能力。

网络式项目开发系统具有严密式的组织形态,为了确保网络式项目的开发效率,并尽可能降低技术创新过程中各种不确定性因素所带来的负面效果,本书提出了图5.8所示的网络式高新技术项目风险预警组织模式。

在这种非线性的网络模式中,网络节点是一个个分项目的网络项目风险预警管理部门,每个网络节点都与其他网络节点之间保持通畅、直接的联系,也就是说,各网络节点相互之间存在风险制约和风险联动。因此,网络式高新技术项目风险预警组织模式将项目中离散分布的风险信息和风险知识汇聚整合起来,在各网络项目风险预警管理部门之间实现信息、资源的共享和传递,使各网络项目风险预警管理部门共同防范和控制风险。

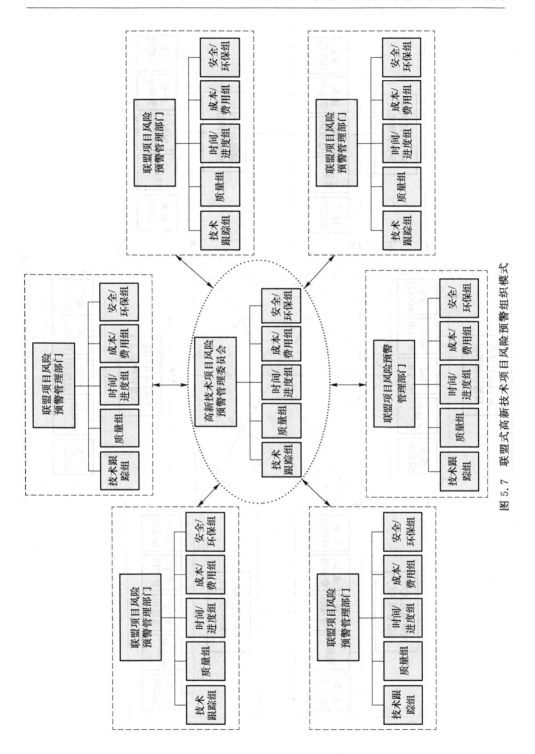

图 5.7 联盟式高新技术项目风险预警组织模式

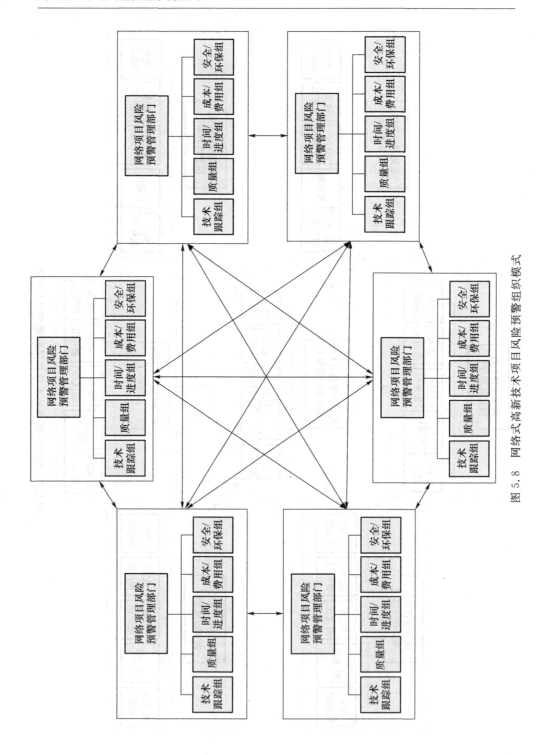

图 5.8 网络式高新技术项目风险预警组织模式

5.2.2 知识共享的项目文化

高新技术项目是多种专业知识和技术能力的集合体,通过将分散的知识个体聚集在一起,产生知识积累效果,使整体效率大于分散的市场交易效率。因此,以智力资本为载体的高新技术项目如何实现技术创新的目标,在很大程度上取决于项目运作系统中知识的积累和分布。

在知识经济时代,由于知识、技术的创新以及项目内外部环境的变化,传统的知识学习、渗透和扩散模式对于高新技术项目来说已不能适用,甚至会在技术创新的过程中产生各种各样的问题,不利于组织的知识生产、知识获取、知识共享和知识传递,传统层级制知识学习组织的严格控制常常阻碍个人创造力的发挥。

因此,构建完善而有效率的知识系统将为项目的顺利实施带来巨大的利益。在高新技术项目中形成知识共享的文化氛围,能够使知识在项目团队中自由地流动,体现其潜在的价值,大幅提高项目团队成员的工作效率,实现持续技术创新,增强项目团队的凝聚力、向心力,并丰富知识存量,所以必须建设尊重知识、鼓励知识共享和知识创新的项目文化。

1. 高新技术项目的知识共享模式

建设知识共享的项目文化就是要使知识共享、知识创新的价值观和文化理念深入每一个项目团队成员的心中,从项目的高层管理者到项目的基层执行者,使项目团队全体成员自觉地用这一理念指导自身的行为活动,在组织范围内最大限度地分享、共享知识。同时,共享知识的项目文化使项目团队的每一位成员都认为贡献知识以及与人分享知识是一种自然的行为。

建设知识共享的项目文化要求项目系统内知识的共享与交流不仅在具有相同知识结构的项目团队成员之间进行,在不同知识结构的项目团队成员之间,知识的共享与交流也能够以高跨度、多角度和多层次的方式进行,这样才能拓展项目知识创新和技术创新的空间和维度。

高新技术项目知识共享模式的转变如图 5.9 所示。

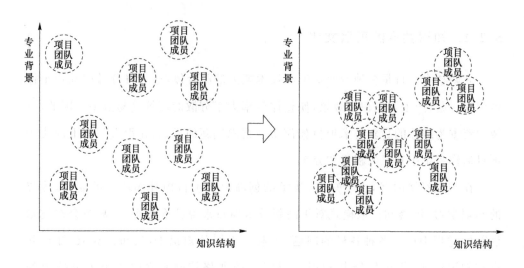

图 5.9　高新技术项目知识共享模式的转变

2. 知识共享的项目文化建设模型

建设知识共享的项目文化首先需要项目管理者积极地为团队营造一种全员共享知识的宽松组织环境,在项目范围内形成鼓励知识共享和知识创新的核心理念;同时,建立项目团队成员行为评价标准,完善以知识共享和知识创新为导向的激励机制,使项目团队的每一位成员都积极参与知识的共享。知识共享的项目文化要求项目团队文化建设的各参与方摒弃传统的竞争观念,建立以合作促竞争、以竞争促合作的关系,将项目团队中的个人创新与团队精神有机地结合起来,从而最终形成以合作形成共赢、以个人创新带动团队创新的文化氛围。以知识共享为核心的高新技术项目文化建设模型如图 5.10 所示。

3. 知识共享的项目文化建设机制

建设知识共享的项目文化必须在项目内部由上自下进行推进,从项目管理层的思想转变到项目团队成员的行为体现。也就是说,建设知识共享的项目文化就是要创造一种鼓励知识共享行为的环境,让知识共享行为在这个环境中产生并对项目产生正面作用。

如图 5.11 所示,建设知识共享的项目文化需要做到以下几个方面:第一,阐明知识共享的意义;第二,定义知识共享的行为;第三,提供知识共享的资源;第四,建立知识共享的激励机制;第五,持续推进知识共享。

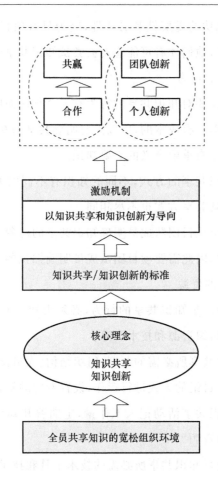

图 5.10 以知识共享为核心的高新技术项目文化建设模型

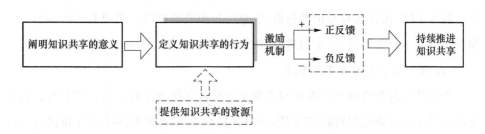

图 5.11 知识共享的项目文化建设机制

(1) 阐明知识共享的意义

知识共享仅仅是一种促进项目开发成功、降低项目风险的手段,而不是项目的最终目的。任何知识共享的措施都必须有助于解决项目中所出现的问题,有利于实现项目目标。在进行知识共享之前,需要让项目团队所有成员了解知识共享对于确保项目技术创新成功的重要性和必要性,因为只有项目团队中的所有成员都了解了知识共享的意义,他们才有可能愿意去尝试知识共享的行为。

(2) 定义知识共享的行为

从认知到实践,还需要对知识共享的行为有一个具体而明确的界定。

首先,由于知识共享是有成本的,所以需要明确共享的知识一定是对提升项目价值有作用、对项目运作有重要意义的必要知识。

其次,需要明确知识共享的方式,不同的知识有不同的共享方式,同样的知识在不同的项目组织中,其共享方式也不尽相同。

最后,需要让每一位项目团队成员明确知识共享的对象,由于高新技术项目往往涉及技术保密的问题,因此需要项目团队成员明确知识的共享范围和程度。

(3) 提供知识共享的资源

为了能够在项目中产生知识共享的行为,必须为知识共享行为配备必要的资源,这些资源主要包括组织资源和技术资源。

组织资源包括知识共享所必需的制度、组织结构、人员配备。建立知识共享社区,改变组织构架,以项目组的方式进行运作,设置专门的知识管理部门,配备专职的知识管理人员,把知识共享活动记入工作量,定期召开知识交流会等,这些都是为知识共享提供的组织资源。

技术资源指的是进行知识共享所必需的技术工具和技术共享能力。技术工具是指知识管理软件、内部网络、场所、多媒体设备等;技术共享能力不仅包括知识共享的技术手段,还包括对知识进行概括、总结及沟通的技能。快速有效的沟通对于知识共享是十分必要的,一个能进行有效沟通的团队才可能有效地共享知识。

(4) 建立知识共享的激励机制

知识共享的激励机制是推动知识共享的项目文化前进的动力。只有知识共享的行为能通过激励机制得到正反馈,项目团队成员才能获得持续进行知识共享的原动力。

建立知识共享的激励机制不仅可使项目团队成员对项目组织产生信任感、归属感,还可对不同项目团队成员在知识共享过程中的付出和收益进行调整。例如,有些项目团队成员在知识共享过程中可能只有知识上的付出,没有知识上的收益,对于这部分人就需要通过激励措施来弥补。建立激励机制的目的是要让所有共享知识的努力都得到承认。共享知识给每个知识的创造者增加了额外的工作,这种额外的工作应该得到承认和补偿,否则,知识共享的项目文化将很难深入和持续下去。

科学的激励机制还需要有合理的考核标准。不合理的考核标准往往会使知识共享误入歧途。假如仅以递交知识共享报告的篇数和篇幅作为知识共享的考核标准,那么在项目的知识库中将充斥着冗长乏味、空洞无物的文章,这样并不能使知识在项目中得到真正的共享。

(5) 持续推进知识共享

知识共享的项目文化建设需要在一个始终如一的大目标下进行持之以恒的努力和尝试,如果在取得初步成果之后就认为知识共享的项目文化已经形成,不再对知识共享的行为进行支持和认可,那么知识共享的理念就会逐渐消退,同时下一次建设知识共享项目文化的尝试将会数倍艰难。持续推进知识共享的项目文化建设要及时总结和宣传知识共享所取得的成果,让人们看到知识共享给项目和个人带来的好处。要让知识共享变成项目文化最核心的组成部分。为了能够让知识共享的好处尽快地体现出来,进行知识共享应该先易后难,先在那些容易产生效果的领域开始知识共享,让人们树立对知识共享的信心,形成一种动能,然后再借助于这种动能在比较困难的领域开展知识共享,引出更多的知识共享行为,使更多的人愿意进行知识共享。

5.2.3 高新技术项目风险管理的决策与执行

1. 项目管理者的决策力分析

决策理论学派的代表人物 Herbert A. Simon 认为决策贯穿管理的全过程,管理就是决策。从这一角度观察高新技术项目风险预警过程,可以发现决策过程贯穿高新技术项目风险预警过程的各个阶段,实质上,高新技术项目风险预警过程也是决策过程。目前,高新技术项目普遍采用的是项目经理负责的团队形式,而且高新技术项目的风险决策是在信息不充分的条件下做出的,因此项目管理者的风险决策对项目运行起到至关重要的作用,其优劣直接影响项目的成败。

项目管理者对项目风险的最终态度并不是要遏制和消除一切风险,而是在一定的承受能力下,尽可能地预见、防范、控制和处置风险。因为对于风险管理来说,风险消退给项目带来的边际收益将会随着风险的逐渐消退而降低,而将风险降到一定程度之后即使再持续投入成本也无法将风险降到更低的水平。因此,对项目风险管理问题进行科学的判断,需要项目管理者进行审慎、果断、科学的决策。风险消退趋势与收益水平的关系如图 5.12 所示,成本投入与风险控制的关系如图 5.13 所示。

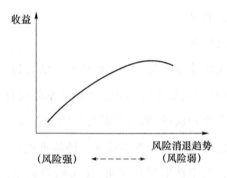

图 5.12　风险消退趋势与收益水平的关系

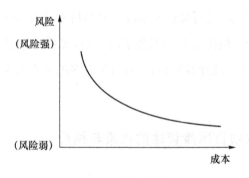

图 5.13　成本投入与风险控制的关系

(1) 项目管理者的决策力对高新技术项目风险管理的影响

高新技术项目风险决策的成败与项目管理者对待风险的态度及在这种态度下所做出的选择有关,不同项目管理者的风险决策倾向差异悬殊。在对高新技术项目进行风险决策的过程中,如果项目管理者以项目技术创新的高收益作为主要预期,那么其往往表现出高冒险性,容易出现对风险考虑不足、缺乏风险防范意识等问题,甚至会导致技术创新失败;如果项目管理者以降低风险作为主要预期,那么其对预测和防范技术创新风险会更加重视。

在高新技术项目风险预警问题上,科学合理的项目风险决策应当体现以下要求。

① 科学与经验相结合。高新技术项目技术创新的风险变化有一定的规律可循,因此风险决策应当建立在科学地把握风险变化规律的基础之上,同时又不可忽视项目团队的经验在技术创新风险决策中的作用。不确定性的存在使得经验判断在高新技术项目风险决策中不可或缺。

② 战略性与策略性相结合。在高新技术项目风险决策上,需要具有战略高度,在对风险进行判断和决策时要有前瞻性。同时,项目风险变化的规律性决定了在风险决策的过程中还需要结合不同的风险防控策略。只有坚持风险决策的战略性和策略性,才能恰到好处地处理风险问题。

③ 定性与定量相结合。既要有对风险的定性推理分析,又要有定量的指标结果,这样才能对决策起到真正意义上的参考作用。

(2) 高新技术项目风险信息与决策权的匹配分析

由于认识的局限性和信息的不完全性,项目管理者在对风险状况进行判断时,几乎不可能做出"完全合理"或"最优"的决策,通常只能满足"令人满意"的准则。同时,由于项目团队的多层次性和多因素性,项目组织中的风险决策往往涉及不同部门的众多成员,最终的风险决策是由众多管理者组成的团队作出的。正是由于信息的不完全性和组织决策的分散性,为了进行科学的风险决策,可以采用以下两条途径:一是将信息传递给具有决策权的人,这是一个信息转移的过程;二是将决策权传递给拥有信息的人,这是一个决策权转移的过程。信息和决策权的匹配程度不仅影响项目风险决策的效率,同时也在很大程度上决定了项目技术创新成功的可能性。

为了使信息与决策权相匹配,必须转移信息或决策权。在将信息传递给具有决策权的人的过程中,易出现信息丢失的情况,这意味着决策者在进行风险决策时很可能得不到充足的信息,产生一定的信息成本(信息的转移成本);在将决策权分配给组织中拥有较多信息的代理人时,会产生由委托代理关系带来的代理成本(决策权的转移成本)。一般来说,随着决策权集中程度的增加,信息成本增加,委托代理成本降低;随着决策权分散程度的增加,信息成本降低,代理成本增加。

项目风险决策的总成本是由信息转移带来的信息成本和决策权分配带来的代

理成本共同组成的,项目风险决策效率的提升过程也就是信息成本与代理成本的权衡过程。

在图 5.14 中,曲线 C_1 表示由于信息的转移而引起的信息成本,信息成本在决策权完全集中的时候水平最高,随着决策权的不断分散而降低。曲线 C_2 表示由于决策权的分散而引起的代理成本,代理成本在决策权较集中时水平较低,随着决策权分散程度的增加而不断提高。当决策权完全集中时,无代理成本;当决策权完全分散时,信息不需要转移,无信息成本。风险决策的总成本是信息成本和代理成本之和,用曲线 C 表示,从图 5.14 可以看出,风险决策权的最优值也就是使风险决策的总成本位于最低点时决策权的分散程度,即 C_1 和 C_2 的交点所对应的点 A。

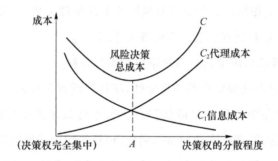

图 5.14　信息与风险决策的匹配分析

风险决策总成本是实现信息与决策权匹配的代价。风险决策总成本较低,就意味着以较低的代价实现了较高效率的风险决策,项目的信息资源得到了较优配置。因此说,提高项目风险决策效率的关键在于,将风险的决策权适度分散,使信息缺乏引起的信息成本和转移决策权引起的代理成本之和最小。

(3) 高新技术项目风险决策的过程

高新技术项目风险决策的过程就是项目管理者在风险预警机制的作用下,通过对风险信息的收集和分析,根据自身的决策能力和风险偏好,形成风险应对方案并监控方案实施的过程,如图 5.15 所示,具体包括以下 6 个阶段。

① 风险预警机制构建。

通过对项目风险警源和警兆的识别、分析及评价,形成项目的风险预警机制,及时对项目的风险情况进行预控和掌握。

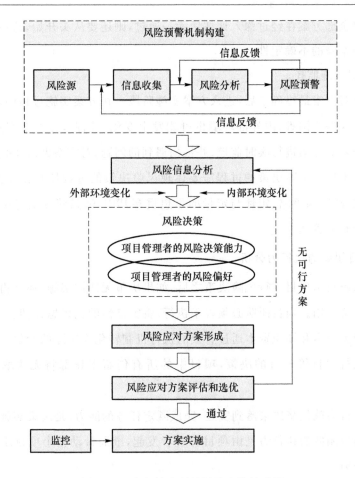

图 5.15 高新技术项目风险决策的过程

② 风险信息分析。

对项目风险预警结果进行处理,对技术创新项目所涉及的风险因素及其可能导致的风险结果进行综合分析。

③ 风险决策。

通过对风险信息的收集及对内外部环境变化情况的判断,项目管理者根据自身的风险决策能力和风险偏好,进行风险决策。

④ 风险应对方案形成。

在进行风险决策的基础上,根据项目自身的特点,通过团队讨论形成一套或若干套风险应对方案。

⑤ 风险应对方案评估和选优。

风险应对方案出台后,项目团队对风险应对方案进行可行性分析,选出最优的方案。如果全部方案在经过深入评估后无一通过,则还要从头开始,这也反映了项目风险决策本身的不确定性。

⑥ 方案实施监控。

风险应对方案最终确定后,进入方案实施阶段。在方案实施过程中,可能会出现意外事件或遇到困难,内外部环境也可能发生变化。因此,在方案实施过程中,项目团队需要对方案进行实时监控,并根据遇到的问题,对方案做出及时调整。

高新技术项目风险决策的过程需要体现风险决策的过程性和预控性,同时将科学与经验、战略与策略、定性与定量的思想贯穿其中,通过建立信息决策预测预控系统进行有效管理。

2. 项目团队的执行力分析

在对高新技术项目进行风险决策之后,如果决策无法被实施,那么再有效的决策也没有丝毫作用。项目团队必须善于执行,将突破性的创新思维转变为现实,将项目组的智力资本和知识资本通过有效的执行机制转化为实际的价值。如果项目团队无法执行项目管理者的决策,项目中的所有创新工作都将无法取得预期的成果。

所谓执行力就是将决策落到实处、完成既定任务的能力,是决策实施的组织推动力量。项目团队的执行力是由项目管理者发起,继而带动整个项目组织的一种决策执行能力。

(1) 项目团队执行力的特点

高新技术项目团队的执行力具有以下特点。

① 整体优化性。

项目团队最突出的优势表现为整体性。项目团队在对决策做出反应的同时,对要执行的决策在系统层面上进行分解和统筹。项目团队的执行力一方面体现为全员的整体性,全员即组织中高层、中层、基层的所有成员;另一方面体现为分工的整体性,即项目的所有部门协同联动等。这种整体性优化了项目团队的执行力和协同联动能力。

② 层次转化性。

由于技术创新的复杂性,高新技术项目往往是由若干层次、不同规模的众多项目组成的项目群。项目不同层次的差异性使得项目中存在竞争和互补的关系,这样更易于发挥积极因素的作用,抑制消极因素的作用。项目管理的层次如图 5.16 所示。

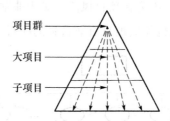

图 5.16 项目管理的层次

③ 及时反馈性。

决策的执行情况只有在被及时反馈给决策者的条件下,才能作为下一次决策的依据。否则,执行就失去了效果。团队执行的特点在于在整个执行过程中,决策执行人能够迅速地把执行情况和执行过程中发现的问题汇报给上一层级并由上一层级反馈给决策管理中心。

(2) 提升项目团队执行力的途径

① 提高项目团队的快速反应能力。

随着全球经济一体化进程的加快,高新技术项目面临的竞争越来越激烈,风险因素也越来越具有潜在性,科学技术、客户需求、政策法规、市场形势、竞争对手的策略和行为等在不断变化,要求高新技术项目能随时、随地快速反应,从而抢占先机,这就对项目团队提出了新的要求,要求其能够对内外部环境的变化做出快速反应。

高新技术项目组织是由不同专业背景、不同子/分项目主体的项目团队成员组成的,为了尽可能发挥每一个成员的潜在能力,对项目决策进行快速反应,需要改变传统的集权式组织结构,以利于项目团队成员跨部门的合作与沟通,使项目团队成员参与组织决策,从而提高项目团队的快速反应能力。

对于常规的项目风险决策,可以通过预定流程来实现响应;而对于非常规的项目风险决策,就需要通过建立特别工作团队的方式来实现响应。

所谓特别工作团队,如图 5.17 所示,就是指让项目团队成员打破原有的组织界限,绕过原来的中间管理层次,直接面对决策层,对项目总体目标负责,从而以群体和协作优势实现快速反应。其基本特征为:第一,目标明确,以执行项目决策为主要目标;第二,组织柔性化,项目团队成员不再受原来职能部门的约束,有现场决定权。特别工作团队是临时性的项目组织,是随着非常规决策的产生而形成,随着任务执行的完成而结束的。因为在项目风险决策中非常规决策往往占有非常重要的地位,所以特别工作团队也相应地具有非常强的执行力。

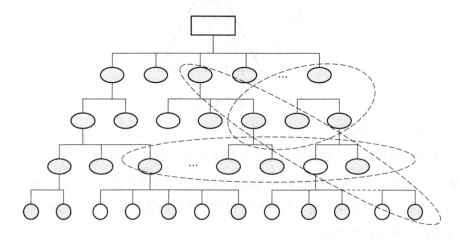

图 5.17　高新技术项目特别工作团队示意

② 协调核心流程,提升执行力。

执行就是以系统的方式,让项目组织能够始终认清现实的风险状况,并据此采取行动。项目组织流程是确保项目团队执行力的重要因素之一,因此协调项目的核心流程,将有助于提升项目团队的执行力。核心流程主要包括人员流程、策略流程和营运流程。图 5.18 为核心流程协调图。

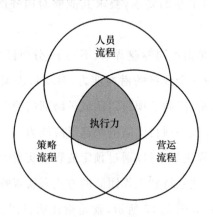

图 5.18　核心流程协调图

人员流程是确保项目团队执行力最为重要的条件。人员是一切的基础,策略的制定和实施都必须依赖人员。没有人员流程为基础,策略流程与营运流程都将成为虚设,不能发挥作用。人员流程包含以下几方面的任务:成员角色定位;根据项目风险策略与营运流程对项目团队成员进行深入而有效的评估;提供完善的管理人才输送渠道;执行力的绩效管理;等等。

策略流程实质上是将人员与项目运行结合起来的行动方案的体现,项目管理层可以通过策略流程的设计来实现项目的风险预警目标。策略流程包括策略计划的制订、评估及跟踪监督。

营运流程是针对策略实施过程中可能遇到的问题,将策略与人员以及结果联系在一起的具体营运计划。一份优秀的营运计划通常包括项目组织在一段时期内应当完成的具体任务,以及完成任务的计划、任务分解及人员配备等。

在提升执行力的三大核心流程中,策略流程解决的是"做正确的事"的问题,营运流程解决的是"把事情做正确"的问题,而人员流程解决的是"选用正确的人"的问题。三大核心流程彼此紧密连接,策略流程需要将人员情况与营运现状纳入分析框架;人员的挑选与评估会参考策略与营运计划;营运流程则会与策略目标及人员情况相互连接。只有三大核心流程相互协调,紧密配合,才能够实现项目团队执行力的提升。

③ 保持团队成员的异质性,协作互补。

在项目团队执行决策的过程中,除了保持战略导向上的一致性,更重要的是保持项目团队成员的异质性,高新技术项目团队应由不同专业技术、不同工作能力、不同阅历和个性的人才组成,这样不仅有利于知识上的共享和专业技术上的互补,也有利于保持项目执行过程中解决相关问题的多维视角,有利于项目团队成员之间协同互助,如图5.19所示。

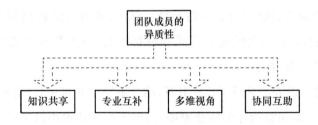

图 5.19 团队成员异质性的作用

第 6 章 总结与展望

6.1 研究结论

本书在现有研究文献的基础上,对高新技术项目的概念进行了界定和梳理,根据高新技术项目的特性,结合项目风险生成机制,提出了高新技术项目风险预警模型,通过优化风险预警指标体系,构建了高新技术项目风险预警系统,实现了对关键风险因素的辨识、预测、诊断、监测和控制,从而提高了高新技术项目的成功率。

本书采取了定性与定量相结合、理论分析与实证研究相结合的方法,得出以下主要研究结论。

① 通过对高新技术项目概念及其风险范畴的界定,结合高新技术项目的特性,对高新技术项目风险生成机制和风险预警的成本与收益进行了研究,本书得出的结论认为采用有效的高新技术项目风险预警系统,其收益要远大于成本支出。

② 从系统输入、风险辨识、风险预警、风险对策及系统输出等 5 个方面提出了高新技术项目风险预警的运行模式和分析框架,重点强调了系统内部相互依赖的输入、输出逻辑关系。

③ 对风险辨识方法进行了比较分析,结合不同学者对项目风险属性的认识和高新技术项目风险预警指标的构建原则,提出了高新技术项目关键风险指标的假设,构建了基于粗糙集理论的高新技术项目风险预警指标优化模型,并运用问卷调查和多元统计的分析方法,对假设进行了实证检验,最终得出了 5 个方面共 27 个高新技术项目关键风险因素。

④ 对现有主要风险预警方法进行了研究比较，分析了各种方法的特点及其用于解决高新技术项目风险预警问题的局限性，在此基础上提出了基于 LVQ-RBF 的改进型神经网络高新技术项目风险预警模型。该模型克服了传统预警方法的不足，具有高度的并行性和全局性，提高了风险预警系统的非线性、自学习性、自适应性和大规模并行分布知识的处理能力。实证研究和比较分析的结果证实，该模型具有较高的精确度和适用性。

⑤ 确定了高新技术项目风险防控的目标，强调了构筑和谐平衡的内外部环境对实现项目技术创新、成本费用、时间进度三方面目标的重要性，在此基础上对风险控制与传导机制和风险防控策略进行了分析，提出了风险防控的阶段性目标。

⑥ 从组织模式、项目文化、决策与执行的角度对高新技术项目风险预警系统的支撑条件进行了分析，将高新技术项目风险预警的组织模式划分为集群式、联盟式和网络式 3 种；将项目文化的主要作用界定为促进项目知识的积累，优化项目知识的分布，并构建了以知识共享为核心的高新技术项目文化；将项目风险信息与决策权的合理匹配作为获得良好决策效果的有效途径，并将项目团队的快速反应能力、三大核心流程的协调程度、团队成员的异质性作为提升项目团队执行力的关键。

6.2　主要创新点

本书通过对高新技术项目关键风险因素的分析，提出了基于粗糙集理论的高新技术项目风险预警指标优化模型，建立了高新技术项目风险预警指标体系，在此基础上构建了基于 LVQ-RBF 的改进型神经网络高新技术项目风险预警模型，并对高新技术项目风险防控策略及支撑条件进行了研究。本书的创新性主要体现在以下几个方面。

1. 构建了基于 LVQ-RBF 的改进型神经网络高新技术项目风险预警模型

通过对现有风险预警方法的研究和剖析，创造性地构建了基于 LVQ-RBF 的改进型神经网络高新技术项目风险预警模型，并结合实证研究，运用比较分析的方法进行了检验。该模型克服了现有方法的不足,具有高度的非线性、自学习能力、自适应性和大规模并行分布知识的处理能力。该模型的提出为高新技术项目风险预警的后续研究提供了方法借鉴和新的思路。

2. 提出了基于粗糙集理论的高新技术项目风险预警指标优化模型,构建了高新技术项目风险预警指标体系

对风险辨识方法及现有风险分类进行了比较研究,提出了高新技术项目关键风险指标假设,通过构建基于粗糙集理论的高新技术项目风险预警指标优化模型,并结合问卷调查和多元统计的分析方法,对假设进行了实证检验,最终得出了对高新技术项目具有显著影响的 27 个关键风险因素,构建了高新技术项目风险预警指标体系,充分体现了高新技术项目风险因素的独特性。

3. 提出了高新技术项目风险预警的运行模式和分析框架

通过对高新技术项目风险生成机制的研究,首次提出了高新技术项目风险预警的运行模式和分析框架,并指出了系统各部分之间的制约和联动关系,为高新技术项目的风险预警提供了理论指导和研究思路。

4. 提出了集群式、联盟式和网络式的高新技术项目风险预警组织模式

从组织模式、项目文化、决策与执行的角度对高新技术项目风险预警系统的支撑条件进行了分析。其中,主要的创新之处是根据高新技术项目的不同运行特点,创造性地提出了集群式、联盟式及网络式 3 种高新技术项目风险预警组织模式,为高新技术项目风险预警组织体系的构建提供了选择依据和理论基础。

6.3 有待进一步研究的问题

本书结合风险管理理论、技术创新理论和项目管理理论对高新技术项目风险预警系统进行了深入的研究和分析,但对于复杂的高新技术项目风险预警系统而言,这只是理论研究的开始,还有许多值得深入研究的课题和方向。

例如:可以针对高新技术项目生命周期的不同阶段,对风险的分布特点、影响程度及相互关系进行分析;可以开展高新技术项目风险机理量化模型的研究,分析高新技术项目风险因素与项目各利益相关方之间相互影响和制约的复杂关系,并对其进行定量化描述,为准确预测和防范高新技术项目风险提供进一步的理论依据;还可以进一步构建面向对象的智能化高新技术项目风险预警管理信息系统,形成高新技术项目风险预警管理数据库和专家知识库;等等。这些问题都有待于未来我们进行更加深入的研究探索和补充完善。

参考文献

[1] 习近平.为建设世界科技强国而奋斗[N].人民日报,2016-06-01(2).

[2] 习近平.让工程科技造福人类、创造未来[N].人民日报,2014-06-04(1).

[3] 黄伟.以更大力度改革创新攻坚克难,着力打造新时代改革开放新高地[N].新华日报,2022-05-06(1).

[4] 刘冬梅,杨洋,李哲.习近平科技创新重要论述研究的现状与展望[J].中国科技论坛,2023(06):1-8.

[5] 马一德.习近平科技创新论述的鲜明特质[J].前线,2022(09):9-13.

[6] 白思俊.现代项目管理[M].北京:机械工业出版社,2021.

[7] 托马斯,伯恩.执行力[M].白山,译.北京:中国长安出版社,2023.

[8] 毕星,翟丽.项目管理[M].上海:复旦大学出版社,2000:8-12.

[9] 蔡季冰.系统辨识[M].北京:北京理工大学出版社,1991.

[10] 蔡炜华,陈翔.基于主成分-神经网络风险预警模型研究[J].中国科技信息,2006(02):120+119.

[11] 李月华,姚健.核电项目风险预警模型研究:中国电力企业管理创新实践论文集[C].北京:中国电力企业管理,2023.

[12] 王长峰,李鑫瑞,郑秋爽,等.国际石油工程项目风险预警指标体系构建研究[J].项目管理技术,2023,21(02):8-14.

[13] 蒋煜,邹梅松,石华川.BIM 技术在黔江卷烟厂异地技改项目工程风险预警中的应用[J].自动化技术与应用,2023,42(01):155-158.

[14] 吴建良,刘媛,邓洪飞,等.基于北斗高精度定位技术的龙洲湾隧道 PPP 项目运营安全监测预警系统设计[J].湖南交通科技,2022,48(04):174-177.

[15] 陈大雄,贺正楚.高新技术型主导产业评价体系及实证分析[J].求索,2004

(03):9-11.

[16] 陈劲.驭险创新——企业复杂产品系统创新项目风险管理[M].北京:国家知识产权局知识产权出版社,2005.

[17] 陈伟珂,黄艳敏.工程风险与工程保险[M].天津:天津大学出版社,2005.

[18] 戴大双.高新技术企业的技术创新管理[M].大连:大连理工大学出版社,2003.

[19] 戴大双.现代项目管理[M].北京:高等教育出版社,2004.

[20] 代君,纪昌明.水利高新技术项目协变风险管理探讨[J].中国农村水利水电,2004(01):77-79.

[21] 杜永怡,郭菊娥,杨华江.集团公司战略风险辨识及其形成机理研究[J].技术经济与管理研究,2004(03):27-29.

[22] 傅家骥.技术创新学[M].北京:清华大学出版社,1998.

[23] 傅鸿源.工程项目风险评价方法的研究[J].系统工程理论与实践,1995(10):55-58.

[24] 高成亮,孙俊.高新技术投资项目评价[J].技术经济,2000(09):25-28.

[25] 管宝云.粗糙集理论及其在数据挖掘中的应用[J].天津工业大学学报,2002(06):29-31.

[26] 国家科委.国家高新技术产业开发区高新技术企业认定条件和办法[Z].北京:中华人民共和国国务院公报,2001(11):8-9.

[27] 中华人民共和国科学技术部.中国科学技术指标2020[M].北京:科学技术文献出版社,2022.

[28] 德姆塞茨.企业理论再认识、所有权控制与企业[M].北京:经济科学出版社,1999.

[29] 韩斌,吴铁军,杨明晖.基于粗糙集理论的信息熵属性约简算法[J].电路与系统学报,2002(02):96-100+57.

[30] 韩祯祥,张琦,文福拴.粗糙集理论及其应用[J].信息与控制,1998,27(1):37-45.

[31] 何伟怡,尹贻林.工程项目风险管理技术的结构效应——基于HSE和可靠性问题的PHA集成研究[J].矿冶,2006(01):103-107.

[32] 胡寿松.粗糙决策理论与应用[M].北京:北京航空航天大学出版社,2006.

[33] 黄德双.神经网络模式识别系统理论[M].北京:电子工业出版社,1996.

[34] 黄冠胜,林伟.风险预警系统的一般理论研究[J].中国标准化,2006(03):9-11.

[35] 黄健元.模糊数学[M].宁夏:宁夏人民出版社,1998.

[36] 焦李成.神经网络系统理论[M].西安:西安电子科技大学出版社,1992.

[37] 景劲松.复杂产品系统创新项目风险识别、评估、动态模拟与调控研究[D].杭州:浙江大学,2004.

[38] 李浩,戴大双.企业技术创新角色中的智力角色分析[J].中国软科学,2003(11):89-91.

[39] 李怀祖.管理研究方法论[M].西安:西安交通大学出版社,2005.

[40] 李晓宇,戴大双.非投资项目中人力资源管理研究[J].科技进步与对策,2003,20(02):113-115.

[41] 李旻暾.基于模糊类比推理的商业银行风险预警系统研究[J].现代管理科学,2003(09):79-80+96.

[42] 李煜华,郎宏文.高新技术项目投资风险的模糊综合评价模型[J].哈尔滨理工大学学报,2004.9(1):72-75.

[43] 梁昌勇,陈龙.基于模糊综合评判的企业IT系统集成项目风险评价[J].价值工程,2006(04):78-81.

[44] 柳炳祥,盛昭瀚.基于案例推理的企业危机预警系统设计[J].中国软科学,2003(03):67-70.

[45] 刘辉.各国高新技术产业发展的比较研究[M].武汉:中南财经政法大学,2001.

[46] 刘思峰,郭天榜,党耀国,等.灰色系统理论及其应用[M].北京:科学出版社,2000.

[47] 刘西华,周家娟.高新技术项目可行性研究经济评价方法[J].山东冶金,2004,26(1):64-65.

[48] 马辉民,李强.应用AHP层次分析法评估ERP项目风险[J].计算机与数字工程,2006(03):41-44.

[49] 毛荐其,霍保世.技术创新风险与评估[J].数量经济技术经济研究,2002(02):28-310.

[50] Hagan M T,Demuth H B.神经网络设计[M].北京:机械工业出版社,2002.

[51] 邱海琴,张卫国.知识资本风险预警指标体系及其评价方法研究[J].科技进步与对策,2005(09):57-59.

[52] 任志安.企业高新技术项目投资决策的基本问题分析[J].经济问题研究,2002(03):21-23.

[53] Harrington S E,Niehans G R.风险管理与保险[M].陈秉正,等译.北京:清华大学出版社,2001.

[54] 沈建民.项目风险管理[M].北京:机械工业出版社,2004.

[55] 苏晓生.MATLAB神经网络应用设计[M].北京:科学出版社,2002.

[56] 王海汀,黄继鸿.定量定性相结合的企业综合预警方法研究[J].科学学与科学技术管理,2004(04):134-137.

[57] 王洪波,宋国良.风险预警机制[M].北京:经济管理出版社,2002.

[58] 王金平.投资项目风险分析与系统构建[D].北京:北京交通大学,2003.

[59] 汪应洛.系统工程理论、方法与应用[M].北京:高等教育出版社,2001.

[60] 王宗军.综合评价的方法、问题及其趋势[J].管理科学学报,1998(01):75-79.

[61] 蔚林巍.高新技术产业发展与项目管理[J].技术经济,2000(04):29-33.

[62] 蔚林巍.项目化的管理与项目组合管理[J].项目管理技术,2004(01):1-5.

[63] 吴成茂,范九伦.确定RBF神经网络隐层节点数的最大矩阵元法[J].计算机工程与应用,2004(20):76-79.

[64] 吴鸣锐.大规模模式识别问题的分类器设计研究[D].北京:清华大学,2001.

[65] 吴添祖.高新技术企业发展一般规律[J].中国软科学,2000(11):76-81.

[66] 吴先华,马庭淮.粗糙集理论在高科技项目评价中的应用研究[J].科学学与科学技术管理,2006(07):5-8.

[67] 杨保安,季海,徐晶,等.BP神经网络在企业财务危机预警之应用[J].预测,2001(02):49-54+68.

[68] 杨传彬.项目风险管理系统框架研究[J].甘肃农业,2006(01):113.

[69] 杨海英.风险管理与保险原理[M].北京:北京航空航天大学出版社,1999.

[70] 杨建平,杜端甫.对我国民航运输业进行风险管理的方法与应用研究[M]//交通运输系统——系统、协调、发展.北京:中国铁道出版社,1996.

[71] 杨力.商业银行风险管理[M].上海:上海财经大学出版社,1998.

[72] 杨晓兵,刘臣.基于AHP和因果分析法的IT项目风险因素分析[J].科技创业月刊,2006(01):77-79.

[73] 殷焕武,张铁山.期望值优化法在项目风险决策中的应用[J].技术经济与管理研究,2006(02):59-60.

[74] 尹贻林,陈通,杨杉.我国项目风险管理的发展趋势[J].中国软科学,1995(10):81-84.

[75] 俞欢军,王建成,胡上序.基于概率模式识别方法的宏观经济预警系统的进一步研究[J].系统工程理论与实践,1999(09):41-48.

[76] 余建英,何旭宏.数理统计分析与SPSS应用[M].北京:人民邮电出版社,2005.

[77] 查兴.施工企业项目风险管理[J].建筑,2001(08):26-29.

[78] 曾雪兰,吉建华,吴小欢.基于相容性指标的聚类分析专家赋权法[J].广西大学学报(自然科学版),2005(04):337-340.

[79] 曾忠东,李天德.模糊优选和神经网络结合:保险业经营风险预警的有效方法[J].天津财经学院学报,2006(04):15-18+31.

[80] 张美恋,王秀珍.基于径向基神经网络的商业银行风险预警系统研究[J].集美大学学报(自然科学版),2005(03):280-284.

[81] 张明玉.技术跨越战略与管理[M].北京:中国经济出版社,2001.

[82] 张青晖,陈湘川.多阶段项目风险权衡模型[J].系统工程与电子技术,1998(01):41-45.

[83] 张清良,李先明.一种确定神经网络隐层节点数的新方法[J].吉首大学学报(自然科学版),2002(03):89-91.

[84] 张文修.粗糙集理论与方法[M].北京:科学出版社,2001.

[85] 张文修.基于粗糙集的不确定决策[M].北京:清华大学出版社,2005.

[86] 赵焕臣,许树柏,和金生.层次分析法[M].北京:科学出版社,1986.

[87] 赵剑峰.高新技术投资项目评价模型研究[J].科技进步与对策,1999(06):62-63.

[88] 周寄中,薛刚. 技术创新风险管理的分类与识别[J]. 科学学研究,2002,20(2):221-224.

[89] 周俊武,孙传尧,王福利. 径向基函数(RBF)网络的研究及实现[J]. 矿冶,2001(10):71-72.

[90] 左美云,邝孔武. 信息系统的开发与管理教程[M]. 北京:清华大学出版社,2001.

[91] Wu Y,He J M,Zhou J L. A data-driven support system for the efficient schedule delay management of the ultra-high-voltage projects considering subjective risk preferences[J]. Sustainable Cities and Society,2023(02):104-126.

[92] Yuan J F,Chen K W,Skibniewski M J. Social network analysis for social risks of construction projects in high-density urban areas in China[J]. Journal of Cleaner Production,2018(10):940-961.

[93] Liu P D,Zhang X,Liu W L. A risk evaluation method for the high-tech project investment based on uncertain linguistic variables[J]. Technological Forecasting and Social Change,2011(01):40-50.

[94] Lan J,Hua Z Z,Yu B Z. A hybrid approach for safety assessment in high-risk hydropower-construction-project work systems[J]. Safety Science,2014(04):163-172.

[95] GalliL G,Raballo P A. Antipsychotics in adolescents at ultra-high risk of psychosis:findings from the "Reggio Emilia At-Risk Mental States" project[J]. European Neuropsychopharmacology,2019(02):99-100.

[96] Elizabeth B K. Research Examining protective factors against violence among high-risk youth:findings from the Seattle Social Development Project[J]. Journal of Criminal Justice,2016(06):19-25.

[97] Daines A R. Analysis of a content-focused matchmaker(CFM) as a tool to improve the process of risk identification in low—maturity software development organizations[D]. Colorado Technical University,2001.

[98] Ciarlone A,Trebeschi G. Designing an early warning system for debt crises[J]. Emerging Markets Review,2005,6(11):376-395.

[99] Jaafari A. Management of risks, uncertainties and opportunities on projects: time for a fundamental shift[J]. International Journal of Project Management,2001(19):89-101.

[100] Hoecht A, Trott P. Innovation risks of strategic outsourcing[J]. Technovation, 2006,26(5):672-681.

[101] Aleshin A. Risk management of international projects in Russia[J]. International Journal of Project Management,2001(19):207-222.

[102] Balachandra R, Friar J H. Factors for success in R&D projects and new product innovation: a context framework[J]. IEEE Transaction on Engineering Management,1997,44(3):276-287.

[103] Barton R, Bosbst R. How to manage the risks of technology[J]. Journal of Business Strategy,1988.9(6):4-7.

[104] Belev G C. Minimizing risk in high-technology programs[J]. Cost Engineering, 1989,31(10):11-15.

[105] Bermejo. Local averaging of ensembles of LVQ-based nearest neighbor classifiers[J]. Applied Intelligence, 2004,20(1):47-58.

[106] De Reyck B. The impact of project portfolio management on information technology projects[J]. International Journal of Project Management, 2005,23(10).

[107] Freisleben B. Stock Market prediction with back-propagation network [C]. Industrial and Engineering Applications of Artificial Intelligence and Expert Systems 5th International Conference IEA/AIE. Paderborn Germany, 1992(07):451-460.

[108] Boehm B W. Software risk management: principles and practices[J]. IEEE Software, 1991(08):32-41.

[109] Calantone R J. Organizational, technical and marketing antecedents for successful new product development[J]. R&D Management, 1993, 23 (04):337-351.

[110] Carroad P A, Carroad C A. Strategic interfacing of R&D and marketing [J]. Research Technology Management,1982,25(01):28-33.

参考文献

[111] Chapman C. Project risk analysis and management—PRAM the generic process[J]. International Journal of Project Management,1997,15(05): 273-281.

[112] Charatte R N. Software engineering risk analysis and management[M]. New York:Intertext Publication,McGraw-hill,1989.

[113] Labuschagne C,Brent A C. Sustainable project life cycle management: the need to integrate life cycles in the manufacturing sector[J]. International Journal of Project Management, 2005,23(02):159-168.

[114] Hancock C B,Morin T J,Robin N. Introducing RISKMAN: the European project risk management methodology [M]. UK: NCC Blackwell Limited,1994.

[115] Chen C J, Huang C C. A multiple criteria evaluation of high-tech industries for the science-based industrial park in Taiwan[J]. Information & Management,2004,41(09):839-851.

[116] Coker D. Fuzzy rough sets are intuitionistic L-fuzzy sets[J]. Fuzzy sets and System, 1998(96):381-360.

[117] Cooper D,Chapman C. Risk analysis for large projects: models, methods and cases[M]. Chichester:Wiley, 1987.

[118] Cooper R G. The components of risk in new product development: project new prod[J]. R&D Management, 1981,21(02):47-54.

[119] Baloia D,Andrew D F. Modelling global risk factors affecting construction cost performance[J]. International Journal of Project Management, 2003 (21): 261-269.

[120] Zakay D, Ellis S, Shevalsky M. Outcome value and early warning indications as determinants of willingness to learn from experience[J]. Experimental Psychology, 2004(51):150-157.

[121] Baldry D. The evaluation of risk management in public sector capital projects[J]. International Journal of Protect Management,1998,16(1): 29-36.

[122] Davis C R. Calculated risk: a framework for evaluating product

development[J]. MIT Sloan Management Review, 2002,43(4):71-77.

[123] Crane D, Kline S J, Rosenberg N. An overview of innovation[M]. National Academy press, 1986.

[124] Dougherty D. Re-imagining the differentiation and integration of work for sustained product innovation[J]. Organization Science, 2001,12(5):6221-6231.

[125] Cagno E, Giulio A D, Trucco P. Risk and cause-of-risk assessment for an effective industrial safety management[J]. International Journal of Reliability, Quality and Safety Engineering, 2000, 7(02):113-128.

[126] Edward J, Tootle D. The role of networks in small firm competitiveness[J]. International Journal of Technology Management, 1996, 11(2): 43-57.

[127] Rogers E W. The effect of perceptions of the employment game on cooperative knowledge behavior in high-tech firms[J]. The Journal of High Technology Management Research, 2004, 15(01):17-36.

[128] Kutsch E, Hall M. Intervening conditions on the management of project risk: dealing with uncertainty in information technology projects[J]. International Journal of Project Management, 2005, 23(11):591-599.

[129] Schoneburg E. Stock prediction using neural network: a project report[J]. Neurocomputing, 1990, 2(06)17-27.

[130] Ettlie J E, Bridge W P. Organizational strategy and structural differences for radical vs. incremental innovation[J]. Management Science, 1984 (30):682-695.

[131] Fairley R. Risk management for software project[J]. IEEE Software, 1994, 11(3):57-67.

[132] Patterson F D, Neailey K. A risk register database system to aid the management of project risk[J]. International Journal of Project Management, 2002(20):365-374.

[133] Sinkey F J. Commercial bank financial management: in the financial services industry[M]. Prentice Hall Inc, 1998.

[134] Viazzi F, Leoncini G, Ratto E. Predicting cardiovascular risk using creatinine clearance and an artificial neural network in primary hypertension[J]. American Journal of Hypertension, 2005,18(05):152.

[135] Masulli F, Petrosino A. Advances in fuzzy sets and rough sets[J]. International Journal of Approximate Reasoning, 2006,41(02):75-76.

[136] Huang F, Wang F. A system for early-warning and forecasting of real estate development[J]. Automation in Construction, 2005, 14(06): 333-342.

[137] Conroy G, Soltan H. ConSERV—a project specific risk management concept[J]. International Journal of Project Management,1998,16(06): 353-366.

[138] Globe S, Levy G W, Schwartz C M. Key factors and events in the innovation process[J]. Research Technology Management,1978,21(04): 8-15.

[139] Richard G. Managing the project management process in aerospace and construction: a comparative approach[J]. International Journal of Project Management,1999,17(02): 39-45.

[140] Grossberg S. Adaptive pattern classification and universal recording part I: parallel development and coding of neural feature detectors[J]. Biological Cybernetics, 1976(23):121-134.

[141] Grossman G M, Helpman E. Endogenous innovation in the theory of growth[J]. Journal of Economics Prespective, 1994,18(01):23-44.

[142] Hawley D, Johnson J D, Raina D. Artificial neural systems: a new tool for financial decision making[J]. Financial Analysis Journal, 1990(11): 45-52.

[143] Edison H J. Do indicators of financial crises work? An evaluation of an early warning system[J]. International Journal of Finance and Economics,2003(08):11-53.

[144] Lehmann H, Zweifel P. Innovation and risk selection in deregulated social health insurance[J]. Journal of Health Economics, 2004, 23(09):

997-1012.

[145] Kuklan H, Erdem E, Nasri F. Project planning and control: an enhanced PERT network[J]. International Journal of Project Management, 1993, 11(02):87-92.

[146] Hobday M, Rush H. Technology management in complex product systems (CoPS): ten questions answered[J]. International Journal of Technology Management, 1999, 17(06):618-638.

[147] Hodder J C, Riggs H E. Pitfalls in evaluating risky projects[J]. Harvard Business Review, 1985, 63(1):128-135.

[148] Jackson A G. Rough sets applied to the discovery of materials knowledge[J]. Journal of operational Research, 1999(114):263-280.

[149] Jafari A. Management of risk, uncertainties and opportunities on projects: time for a fundamental shift[J]. International Journal of Project Management, 2001, 19(02):89-101.

[150] Chen J, Jing J S. The core competence-based pattern of internationalization of technological innovation[J]. PICMET'03, Portland International Conference on Management of Engineering and Technology, 2003.

[151] Jin Y C, Bernhard S. Extracting interpretable fuzzy rules from RBF NETWORKS[J]. Neural Processing Letters, 2003, 17(04):149-164.

[152] Sosik J J, Jung D I, Berson Y. Making all the right connections: the strategic leadership of top executives in high-tech organizations[J]. Organizational Dynamics, 2005, 34(01):47-61.

[153] Yim J, Mitchell H. Comparison of country risk models: hybrid neural networks, logit models, discriminant analysis and cluster techniques[J]. Expert Systems with Applications, 2005, 28(01):137-140.

[154] Kontio J, Basili V R. Empirical evaluation of a risk management method[C]. The SEI Conference on Risk Management, 1997:31-38.

[155] Zurada J. Introduction to artificial neural systems[M]. West Publishing, 1992.

[156] Dowd K. Financial risk management[J]. Financial Analysts Journal, 1999

(07):65-71.

[157] Kleinschmidt E J,Cooper R G. The impact of product innovativeness on performance[J]. The Journal of Product Innovation Management,1991,8(4):240-251.

[158] Kliem R L,Ludin L S. Reducing project risk[M]. Gower,1997.

[159] Suresh K R, Mujumdar P P. A fuzzy risk approach for performance evaluation of an irrigation reservoir system[J]. Agricultural Water Management,2004,69(03):159-177.

[160] Leung H M, Chuah K B, Rao Tummala V M. A knowledge-based system for identifying potential project risks[J]. International Journal of Management Science,1998,26(5):623-638.

[161] Hemmert M. The influence of institutional factors on the technology acquisition performance of high-tech firms: survey results from Germany and Japan[J]. Research Policy,2004,33(09):1019-1039.